商道与王道

——成功领导者的大智慧

刘子仲 编著

天津科学技术出版社

图书在版编目（CIP）数据

商道与王道：成功领导者的大智慧 / 刘子仲编著.
－天津：天津科学技术出版社，2009.7
ISBN 978-7-5308-5199-9

Ⅰ.商…　Ⅱ.刘…　Ⅲ.领导学－通俗读物
Ⅳ.C933-49

中国版本图书馆 CIP 数据核字（2009）第 113709 号

责任编辑：郑 新
责任印制：王 莹

天津科学技术出版社出版
出版人：胡振泰
天津市西康路 35 号　邮编　300051
电话（022）23332674（编辑室）　23332393（发行部）
网址：www.tjkjcbs.com.cn
新华书店经销
北京建泰印刷有限公司印刷

开本 787 × 1092　1/16　印张 18　插页 1　字数 219 000
2009 年 7 月第 1 版第 2 次印刷
定价：29.80 元

前言

一个人去买鹦鹉，看到一只鹦鹉前标：此鹦鹉会两门语言，售价二百元。

另一只鹦鹉前则标道：此鹦鹉会四门语言，售价四百元。

该买哪只呢？两只都毛色光鲜，非常灵活可爱。这人转啊转，拿不定主意。

结果突然发现一只老掉了牙的鹦鹉，毛色暗淡散乱，标价八百元。

这人赶紧将老板叫来：这只鹦鹉是不是会说八门语言？

店主说：不。

这人奇怪了：那为什么又老又丑，又没有能力，会值这个数呢？

店主回答：因为另外两只鹦鹉叫这只鹦鹉老板。

这故事告诉我们，真正的好领导，不一定自己能力有多强，只要懂得领导的艺术，就能团结比自己更强的力量，从而提升自己的身价。

领导是一种英雄之旅，不断追求人文素养、宗教关怀、历史意识，分享爱心、鼓舞信心，迈向未来与希望，领导就是希望的化身。领导艺术就是回顾过去，掌握现在，具有历史感，就能往前迈进，具有透视感，领导者就是攀上阳台，极目四眺，看到远方的愿景，鼓舞追随者落实愿景。

有句话说每个人都可以做领导，其实并不是谁都可以做好领导的。那么怎样才能做好领导呢？做好领导是需要不断突破、不断提升的。

七十二行，行行都需要领导，行行都有领导空间。领导是与人类生活相伴始终的。只要我们在人生中打算成功、打算有价值地生活，就要善于学习、善于借鉴、善于把握领导的真谛，不断提升自己，使自己懂得更多的领导艺术，从而让我们远离失败。

本书共分为6 章。第一章主要向我们展示了成功领导人的无限魅力，让我从他们身上看到作为成功者的风采，思考他们成功的个人魅力，其实只要我们努力，我们就可以像他们一样，站在时代的前端；第二章是知名企业的成功故事，探索企业成功的奥秘，这是领导者应该学习的问题；第三章是知名企业失败领导人的故事，总结他们的教训，那也是当今领导者应该注意的问题；第四章是古代的管理案例，回顾历史，学习古人的管理之道，历久而弥新；第五章是寓言故事，把深奥的领导管理艺术蕴藏在有趣的寓言中，耐人寻味；最后一章还为读者提供了一些有用的管理技巧和原则，这些无论是对管理理论的研究者还是实践者都有一定的参考价值。

虽然我们奉献给读者的这本书中的案例涉及的主要是知名领导人和企业，但他们的前身与芸芸众生一样，也都是普通人，不同的只是他们先走了一步，通过学习、通过实践、通过修炼实现了领导力的提升。只要我们咬定人生的奋斗目标，站在他们的肩膀上，就可以让自己更上一层楼。

目　录

第一章　成功领导者的无限魅力

第二章　现代领导的成功秘诀

第三章　失败领导的宝贵教训

第四章　古人的领导之道

第五章　管理寓言

第六章　集思广益

第一章　成功领导者的无限魅力

有人说，仅靠后天的培养，是怎么也不可能塑造出一名优秀领导的。只有那些与生俱来就有领导力的人，才有可能被培养成一名优秀的管理者。此种说法虽然难免有些偏颇，但事实证明，一个领导者想要成功，必须具备个人魅力。

永不放弃的美丽梦想
——罗丽芬

“这是上帝留给我最漂亮的礼物，没有它我不会有如此大的动力一直努力至今。”罗丽芬通过自己的努力，终于实现了美丽的梦想，不仅征服了上帝给她的记号，创造了漂亮奇迹，更征服了所有爱美的女性。10 多年来她已经帮助上万人完成了祛除胎记的梦想。

她，是一个脸上曾经有明显胎记的漂亮女子。为了梦想，19 岁那年独自创业，成为台中最年轻的美容室老板，以台湾为发源地，构建起了一个跨越中国、泰国、马来西亚、印尼、新加坡，甚至欧美等全球主要华人世界的国际性美容王国；并创造了从每月净利60 万元到年营业额达32 亿台币的奇迹；在近二十年的事业拓展中，她和她的集团发展出一套近似工厂“装配线”的高效率加盟模式。

如今的她，已是时尚商人圈中美貌、财富、慈善的代名词；是单身并身家过亿的总裁，像雷诺阿笔下的英国淑女，举手投足间都流露出让你可亲可敬的高贵与优雅……

她就是罗丽芬，一位来自台湾地区苗栗的客家女子，一位创造着漂亮奇迹的“漂亮女王”。

“上帝有一个很大的玫瑰花园，而他每次无法从中轻易找到最漂亮的那一朵，于是，他决定在那朵他要找的最漂亮的玫瑰花瓣上留下记号，所以，就选中了你……”她永远无法忘记，这个童年时父亲为她编织的漂亮童话。

从呱呱落地的那一刻起，罗丽芬的右脸上就带着一个小黑点，看起来像一颗大痣，在素净、端正的五官上配着这么一个小黑点，显得很“非凡”。随着年龄渐长，小黑点不断扩大，占据了她大半个右脸。

上小学时，老师因为她右面颊的那块胎记而公布得了校级最高分的她不能继续参加县里的演讲比赛。那天，她哭着跑回家，但聪明又善良的父亲告诉她，“你脸上的胎记是上帝特意在最漂亮的女儿脸上留下的记号。”

可是，罗丽芬知道，“上帝的记号”是爸爸的安慰，她不想做一个有记号的非凡的人，在她幼小的心灵里从此长出一棵小小的愿望树：愿意用所有东西，换一张和左脸一样的右脸。

正如罗丽芬在其自传《决心漂亮》中描述的那样：由于那块胎记的缘故，罗丽芬放弃了母亲希望她学习古典钢琴的愿望，而立志从事美容这个行业，冥冥中似乎是在履行上帝赋予的职责。也许是童年的那些灰色记忆，从十六岁起，她就立志用这一生，用漂亮之术、善良之心去帮助更多的“不幸”女人。

19岁的青涩年纪，当别人还在为升学而埋头书堆时，罗丽芬却挥别校园，开始踏上追逐漂亮梦想的旅程。她以15万元资金为基础，在台中市的热闹街头开设了一家以文眉、文眼线为主的美容工作室，在开店半年内就创造出丰厚的利润，几乎每个月都达到60万以上的净利；然而，罗丽芬并未因财富而停步，她开始赴日本、法国、中国香港学医，成为抗衰老、冷冻医学方面的专家，并运用生物技术结合冷冻医学，激发生长因子及表皮生长因子的疗法，成功地祛除了脸上的胎记，而且做到了不留一丝痕迹的完美效果。

时尚与活力的化身
——毛京波

毛京波，她太像“奔驰”了，一样的浪漫、时尚与活力，一样的国际化与本土化并存，一样拥有“让人向往的魅力”。

为什么毛京波能够让消费者发现和体验到奔驰品牌中以前并没有被客户注意到的浪漫、时尚与活力的特质呢？这正是因为她的个人特质与所推广产品形成完美结合。

身着黑色斜纹套装，任何人都能从她的眼睛中感受到一种活力。她，就是梅赛德斯—奔驰（中国）汽车销售有限公司市场总监毛京波。2009 年刚刚开始，在被称之为“新三里屯”的三里屯 Villiage，她与梅赛德斯—奔驰 B 级豪华运动旅行车一同闪亮登场。光影流动之间，几十种不同的熠彩景象交替变幻，营造出美轮美奂的视觉享受，一台暗红色梅赛德斯—奔驰 B 级豪华运动旅行车停放在圆形冰面场地中央，旁边是翩翩起舞的冰面双人滑，包括毛京波在内的奔驰众多高管悉数到场。这样一个盛会，毛京波与梅赛德斯—奔驰 B 级豪华运动旅行车成为共同的主角。浪漫、时尚与活力，男主角巧妙地借助B 级车，将自己的创意及真诚表达给女主角，从而成功地实现了自己的求婚计划——这是奔驰 B 级车电视广告的主要内容。在这一则广告中，奔驰不再像以前一样只代表着成功、品位与奢华，而是充满了浪漫、时尚的气息，同时又富有活力。

事实上，这正是奔驰以及毛京波的团队希望带给大家的体验。“我们希望通过B级车的上市，让中国的客户感受到奔驰品牌蕴涵已久的浪漫、时尚、活力的品质，大家不仅会了解一款奔驰的新车型，还能了解梅赛德斯—奔驰更深刻更全面的内涵。”毛京波说道。要做到这一点并不容易。毛京波和她的团队在这个广告上可谓下了大工夫，单单是广告前期的调研就覆盖了方方面面，大到中国社会发展趋势和经济形势，目标消费群体的收入水平和价值观、消费心理和行为特点，小到场地及演员选择、文案、服装甚至色调的设计。当然，最重要的是要考虑B级车的产品特点，并挖掘它在情感层面和使用层面能带给消费者的价值。举一个小小的例子，那就是在奔驰B级车中竟然有iPod接口，细节决定成败，这样一个小小的细节体现了奔驰的时尚特质，而毛京波的职责则是让消费者发现它、认可它。为什么毛京波能够让消费者发现和体验到奔驰品牌中以前并没有被客户注意到的浪漫、时尚与活力的特质呢？为什么是她而不是别人？通过多次活动的接触，记者终于找到了答案。因为她拥有着一样的“浪漫、时尚与活力”。

从一名古典音乐资深记者到国际著名公关公司的高级副总裁，再到梅赛德斯—奔驰的市场总监，毛京波充分地实践着“巾帼不让须眉”的古语，但是她不仅仅是一个工作狂。她喜欢旅行，因为“旅行的妙处就是有那么点浪漫”，在旅行中总会有意想不到的事情出现；她喜欢名牌服饰和夸张的首饰，曾有文章称她最常穿的是意大利的Armani、德国的MaxMara，而所有的包和鞋则全是Gucci；她在繁忙的工作之余还会练瑜伽和游泳，“如果我早上游了一次泳，我会一天都有好的心情。”这就是毛京波在工作之余的快乐方式，而它们则分别体现了她的浪漫、她的时尚和她的活力。

讲着一口流利英语的毛京波，还被很多人称为中国本土最优秀的国际化领袖之一。她曾经是当时中国唯一一个能用地道的英文撰写古典音乐深度报道的记者，曾经被罗德公关亚太区总裁Louise Harris女士称为“我们公司最让我们骄傲的全球高级管理成员”，而现在她所带领的团队正在使奔驰中国成为奔驰全球的营销典范。

毛京波说，他们的团队一直努力着，就是希望做好奔驰这个百年国际品牌与中国市场的本土化沟通。这次奔驰B级车的上市策划则无疑是对这句话的最好诠释。我们知道，“灿烂光华中有一辆车”，这是梅赛德斯—奔驰目前在全球非常成功的平面广告理念，没有任何多余的性能图解和具体的场景。因为奔驰品牌及其产品有着“大方无隅、大音希声”的底蕴和气度。毛京波的团队在为奔驰B级车策划平面广告时充分借鉴了这一全球理念，同时又对其做了本土化体现，重新在中国做了拍摄，用喜庆不失高贵的红色营造出如梦如幻的光影，正好符合现在辞旧迎新的气氛，也预示着中国客户要和奔驰一起红红火火。奔驰是全球豪华车市场的领导品牌，同样一款车在全球不同市场的目标客户并非完全相同，这也决定了毛京波和她的团队必须做好本土化的沟通工作。他们在努力和全球的品牌价值保持一致的同时，根据各个市场不同的情况，推出各自适合本土的沟通作品，“特别是对于中国这样一个快速发展的市场，我们更需要做足工夫，让中国消费者易于接受，乐于接受我们的传播创意。显然，毛京波对于奔驰这个国际品牌在中国的传播成竹在胸。”

如今的奔驰在毛京波和她的团队的努力之下显得更加年轻，也更加亲切。很多人从小梦想的汽车，就是一辆奔驰车，但往往又觉得遥不可及。毛京波要做的就是改变他们的看法，就以刚刚上市的B级车为例，定价在26万～31万之间，目标用户就是那些在事业上非常努力，并取得了相当成就的精英人士，其中很多是大有作为的年轻人。他们对工作和生活有热情，他们有情趣、有想法，不仅重视事业成功和生活品质，更注重感情，重视个人的温馨空间，他们对未来有极为乐观的期待，并为之不断努力。为此，毛京波和她的团队策划了充满时尚、年轻气息的发布会，处处充满了年轻的气息。在毛京波及其团队的努力下，假以时日，“大奔”这样一个充满霸气但又略显老化的名号也许将会被人忘却。而浪漫的、时尚的、充满活力的，国际的、本土的奔驰品牌才具备了“让人向往的魅力”。

独立的商界奇女子——周凯旋

自认多年以来致力于董建华和李嘉诚之间，但是“我不是他们的附属物，而是一个完全独立的个体”，周凯旋的关系哲学是“不把关系做成包袱”，这样的关系才能自然、强壮。

周凯旋是一个男性化的名字，所有者却是一位仪态万方的女人。周凯旋的后缀，最常被加上的是充满敬畏的“小姐”或“老板”；周凯旋的前缀，在香港地区媒体上经常是“李嘉诚的红颜知已、亲信助手”，在内地媒体上经常是“TOM 集团幕后的掌控者”。但无论是哪家媒体，任何场合，周凯旋都是永远的职业套装、扇形耳饰；周凯旋是太多人目睹其事，身受其影响，却又鲜闻其名的女人：雍容华贵的穿着，亲切得体的举止，美丽成熟的面孔，当然，还有众人仰慕的身份——李嘉诚基金会的董事、中华关怀集团的拥有者、香港创业板上最大的公司——TOM.COM(8001.HK)的第二大股东以及另外数目不详的公司或资产所有者。

香港IT 投资热潮，TOM 创下的投资神话中，周凯旋一直是李嘉诚先生最重要的参谋伙伴，以至于香港《壹周刊》曾大做头条：富豪知已力斗太子。TOM 的跨媒体收购战车，一路从专业网站到户外广告，从报纸、杂志到电视，直到今天尚未见稍有停止的收购步伐中，周凯旋偶露身影，都是在最重要的决策关头。被周凯旋选中，参与早期Tom.com（即TOM集团互联网事业部）工作的娱乐明星朱时茂至今还记得4年前的“周老板”：思路清晰，聪明过人。

在广州、青岛、昆明、郑州等城市大街上等车的年轻人，不一定知道身边的路牌广告是周凯旋收购到TOM集团的；163.net电子信箱每天收发着数以百万计的e-mail，用户不一定知道这家公司是周凯旋委派王兟收购的；羊城报业、三联书店、华娱电视、雷霆无极游戏……这些实体每天每夜都在相当程度上流转着周凯旋的钱，而她最近喜欢投资的则是古董。就连最刁钻的记者都问不出她到底投资了多少家公司，“我也经常会拿我信得过的人的名义去做些其他的事。”周凯旋说。仅仅她在TOM集团股份的市值，就曾经超过上百亿港元。

周凯旋还创立了的周凯旋基金会，这是一项鼓励青少年发明创造的颁奖大会，主要资助的对象为内地贫困地区的教育对象，其中包括“明日女大学生”“明日女教师”等在内的多个奖项特别为女孩子设立。

以自己的名字命名这个慈善基金会，并不像周凯旋的惯常作风。面对这个话题，周凯旋忽然显得有些黯然却又不失决绝，“这个问题我其实思考过很长时间，但我想过，如果连我自己都不敢拿出勇气来，她们怎么接受我的帮助？她们怎么在以后有勇气去面对别人的目光。”

事实上，周凯旋一直所刻意展示出来的，是一个中性的商业人物，以周凯旋本人的名义为女性号召，周凯旋基金会堪称是她唯一的特例。

然而，性别特征在周凯旋的生命历程中的特殊含义是谁也无法抹掉的。当她穿着束腰外衣和蓝色短袜上学的时候，路人看到的是香港拔萃女书院的小学生；当她在澳大利亚新南威尔士大学的时候，同学们看到的是豆蔻年华的女留学生；当她在20世纪90年代，一周一次，往返于北京—香港的时候，北京的生意人看到的是香港来的女打工仔。

周凯旋到现在还在愤愤不平，“那时候我也是为董先生这样的大公司做事情啊，但他们就是觉得那时候来北京的香港人，是在香港混不下去才来内地的‘矮仔’——你知道吗？香港骂人的话：矮仔——他们就是觉得我低人一等！”

“矮仔”是北京留给周凯旋最大的伤痛，商业文明早就相当发达的香港，女性身份也是劣势。一个小小的例子就是香港著名的商界政界女性，十有八九都是在原姓名上冠以夫姓的四字姓名，而从未公开婚姻状况、三个字姓名的周凯旋在其中显得尤为醒目。

周凯旋特别不喜欢接受香港时尚传媒的访问，因为“香港记者现在越来越只关心我穿什么牌子的衣服了”。每一个场合她都用职业套装淡化着自己的女性身份，每一句言论都没有女性的腔调，周凯旋是在用自己言谈举止的每一个信号告诉别人：忘记自己的性别。

万众瞩目是商业成功人士难逃的窠臼，周凯旋清楚地明白这一点，她说：“有什么办法呢？这就是我选择的人生道路的代价。”

有人说，一个人的能量决定于经常在他周围的是什么人。或者周凯旋的经历可以作为这一理论的一个佐证。

进入董建华的公司，机缘是周凯旋曾经和董建华先生的表妹张培薇共事；为董建华服务，才有了东方广场项目；东方广场项目成功之后，周凯旋即成为李嘉诚投资的TOM集团的第二大股东；周凯旋亲手提拔的TOM集团互联网事业部少帅王雷雷，祖父曾任电子工业部部长，王雷雷的母亲，是周凯旋在东方广场项目前就认识的好友。

周凯旋对此并不讳言，自认多年以来，致力于董建华和李嘉诚之间，但是“我不是他们的附属物，而是一个完全独立的个体”，周凯旋的关系哲学是“不把关系做成包袱”，这样的关系才能自然、强壮。

没有几个人可见证周凯旋与华人首富、香港特首的密切交往，但是任何与周凯旋简单接触的人，都能在几秒钟内感受到她有如磁铁般的引力：当你对她说话的时候，她的眼神能让你相信全世界都在倾听你的声音；她说话清楚明确，语调丰富，时刻注意对方的感受，即使在多人面前谈话，她也会适时望你一眼，让你感觉到从来没有被忽视；她在每个故事里提到这样或那样的人，包括经常乘坐的航班乘务人员，为她制作过首饰的师傅，都会加上一个几乎成了固定的称谓——“我很好的朋友”。

但是，拥有如此多“很好的朋友”的周凯旋强调说自己不喜与人交往。

她说自己每天都会争取在晚上六点前回家，早上六点起床的习惯数十年未变。她兴趣广泛，每天写作，但是“都不用自己的真名”。身边总是有书，从漫画到心理学理论，她都喜欢。

“最乐于与自己相处。”周凯旋强调说这和“独处”不同。或者可以这样猜想区别：“独处”多是苦修，“与自己相处”则多了份自由的享受。

这个“乐于与自己相处”的女子每天都这样神情自若地走出门去，和无数人物熟恁地打着家常，打理应付着各种事务，而她另外一面的生活掩藏得严严实实，没有人知道她的婚姻，甚至年龄，她要保留的，似乎没有人能抢走。

出现在照片中的周凯旋，永远戴着自己珍爱的贝壳耳饰，那是她最早在香港上班时用一个月的薪水买下的心爱之物，当时的她天天从那个柜台经过，每看一次她就下一次决心。等到“全世界都是她的糖果店任由她挑选”（朋友评价周凯旋语）时，她一次请师傅制作了10副一模一样的，轮换在周一至周五佩戴，而六日，她只会在右耳戴上一只挂型耳坠，虽然没有人看见那样的周凯旋会是什么样，但可以想见，一定是完全不同的风采。

敢于用事实说话
——刘永好

“什么时候该出手，什么时候该收手？”是许多企业家遭遇的主副业间权衡的难题。

在卸任大部分集团管理职务后，刘永好现在三分之一的时间蹲在农村搞调研，三分之一时间用来请教政府、专家和成功企业家，以便决策更理性。“用事实和数据说话，面对机会先进半步，面对风险先退半步。”刘永好说。

在2009年低迷时期。新希望集团在主业大多数企业采取守势的时候反而采取了攻势：重点部署农牧产业链，加大海外饲料新厂及产业化建设等。

创业27年来，刘氏兄弟的企业给人的感觉就是根正、枝茂，“好多行业都去染一手，却总能不湿脚。”一个行业好得不得了的时候，刘氏兄弟觉得危险，真正的经济危机来临的时候，其一面精控管理，一面举起“镰刀”。

细观新希望集团董事长刘永好在2009年发力农牧主业，“国家拉动内需，大搞新农村建设，时机太好了。”这让他时时想起了1982年，风华正茂的四兄弟，辞去公职从农村起步，从泥巴地走向中国经济的巅峰。

热情、敢闯，是新中国第一代民营企业家的共同特点。年轻时曾在农村做过爆米花生意的刘永好留意到：玉米在爆炸时，可以膨胀三五倍，甚至十倍。“一个行业由垄断走向开放，必将迎来一个迅速膨胀的短暂机会，巨大的膨胀就是超额的利润。”刘永好养鹌鹑、做饲料、投资金融、进入房产的节点，恰恰是上述行业放开的节点。

“我们多元化的目的更多是战略投资，分享这些行业膨胀期所带来的巨大收益，解决主业发展所需的资金问题。”刘永好说。

新希望的成功更多地依靠了刘永好在资本市场的闯劲。作为四川第一家民营上市企业，新希望从1亿多元的资产膨胀到如今的70多亿元；投资民生银行让他获利数十亿，最近刘永好还控股ST宝硕，参股民生人寿、联华信托、办起农村金融担保公司。

这些资本运作带来的巨大收益让人们一度遗忘刘永好的农牧企业家本色，而将其视为中国的金融大亨。

刘永好始终认为这些投资都是为农牧业服务：生产经营是基础；品牌经营是躯干；资本经营是头部；“头足正立而不能倒立”。

刘永好认为经历了太多的行业起起落落才成就了今天的参天大树。他把这归功于对形势充分研究基础上的精确判断和几兄弟始终奉行的精细化管理传统。

创业初期，四兄弟完美搭档。老大刘永言无意名利，却扮演着“长兄如父”的角色；老二刘永行精于企业管理，旋风般整合上百家饲料厂后，致力于管理出效益；老三陈育新（本名刘永美）攻于技术研发，将企业创新做到别人难以复制；老四刘永好则长于营销，以民营企业家身份步入政治领域后，把握着政策的趋势和风险。

“分家后”，刘永好的秘书班子每天整理各种政策市场信息以供决策参考，引进专业金融人才负责新希望投资公司的投资业务。

“一个行业好得不得了，就意味着泡沫大了，风险要来了，如果没有绝对竞争优势，就看不到明天的希望。四兄弟看到太多的人在鹌鹑热、饲料热中挤入，却又快速失败。这让他们在进入房地产领域后，在2007年的房产狂欢中选择了“克制”。2007年初，刘永好就在旗下房地产板块总经理会议上布置：“注意研究宏观政策变化，将房地产保持在适度规模上”。

刘永好第一次“接触”房地产是1992年海南房产热，刘永好带了2000万元到海南“探路”，结果一个人跑回来说，有块地皮上楼的时候转手出去赚了几百万，下楼时另一人转手又赚了几百万。“我惊呆了，天下哪有这么好的事？”第二天，刘永好卖掉在那里的办公室跑回了成都。2005年、2006年开始，刘永好看到了更大规模的“海南热”时选择了收缩投资。2008年、2009年刘永好旁观到了别人的痛苦。

刘氏兄弟涉猎产业颇广，也面临着极强的竞争对手。“我们一开始做一个项目的时候，就要做到单位产能成本比别人大大降低，否则绝不轻易扩张。”陈育新透露，这种精于对成本的控制让他们在行业危机的时候，往往比别人先走出来。

刘永好说即使他大部分决策都是正确的，但绝非外界想的那样“神圣”。

“新希望有个系统严密的决策体系，战略决策要由投资决策委员会共同讨论，且要咨询专家，经营管理部做了详尽的市场调查后，再由领导小组进行价值分析和风险分析”。而在投资决策委员会中，刘永好有一票否决权，却没有一票赞成权。

新希望集团内部还有一个“项目批判式论证制度”。新希望集团如要新上一个项目，要请有关人士出面论证。“这种论证不是从项目的可行性说起，而要先拿项目的可否性开刀。”

新希望的每个项目出来均要进行三轮“批判性论证”，第一轮在企业内部论证，第二轮是各方面邀请企业外部专家论证，第三轮是集中企业内部人员和外部专家共同论证。“论证中不能说优点和可行性，只挑刺，谁批倒了项目就给谁大奖，只有经过这几个回合的论证仍驳不倒的项目，集团就要研究这个项目投资上马的时间问题了。”

据说，这是刘永好当初为了解决避免企业领导层一拍脑袋就干的盲动做法，“批”死了众多的项目。“而邀请企业外部人来批，如果一般人发1000元费用的话，批倒项目的人就发5000元奖金。”一个所有的人都批不倒的项目，其成功的可能性就非常大了。

吃得苦中苦，方为人上人
——王吉鹏

王吉鹏说“有时候，真理代替不了经历，有坎儿、有煎熬才会有更深刻的反思，煎熬就是煮的过程，煮熟了就完蛋了，煮得夹生就算是熬出来了。”

在大学时代，王吉鹏就靠组织学生发放当时风靡全国的三株口服液的宣传单挣钱。他领导的这支发传单的学生组织是当时锦州最大的组织，而挣来的钱足以缴纳他的大学学费，这段自豪的经历让他尝到了做生意的甜头，坚定了他创业的决心。

2002年，王吉鹏在北京开了两家公司，一家做学生公寓业务，另一家则做投影仪生意。当时王吉鹏只看到了投影仪市场的高额利润而轻视了此行的风险，正如他所说：“任何生意人面对几百万的利润时，都不会拒绝，哪怕知道有很大的风险。”他承认，“我那时赌性比较大。”

“开始时，也确实很挣钱，但是后来觉得做投影仪生意十分疲惫，每天需要向客户催款，攻客户关系，很多时光都是在觥筹交错中度过的，感觉自己的人生价值很低，想换个行业，但是又害怕进入新的行业。”

王吉鹏承认，自己是控制欲、创造欲很强的人，这种性格的人很难因为情感、亲情而感到绝望，然而，却极端受不了自己的人生价值得不到实现。“难道我的人生价值就是整天陪不同的人吃吃喝喝、卑躬屈膝、追着别人屁股后面要债，同时又要被别人追债吗？”当时的王吉鹏常常这样痛苦地质问自己。

如果说人生价值的绝望夺走的是王吉鹏当时的快乐与希望，那么，资金链的断裂所带来的绝望则威胁着他的生命。

投影仪行业有个不成文的行规：一般都是先付订金20%，货到后再付70%，用过一段时间没问题后再付10%，而这10%恰恰就是全部利润。王吉鹏回忆，那时下游太散，这10%很难要回，而上游的供货商由于出现了一些问题，处在当时国家严打之列，所以他们想尽快跑路，就急着提前向他催款，时运不济的他几乎赶上了当时所有的变故，以致无法提前还款，造成了4000万的资金漏洞。

“拿不出钱，我就不要你钱，要你命！”穷凶极恶的上游供货商最后向王吉鹏撂下这句狠话。

“也许，我过不了这个坎儿”

尽管王吉鹏事业遭到了沉重打击，生命也受到了威胁，心情极端低落，然而他却从未向任何人吐露过自己的难处和心境。“和别人说有什么用呢？只能让朋友和家人担心，解决不了任何问题。我宁愿自己出去转一转，喊一喊，也不愿意和别人说，所有的困难都在心里憋着。”

用王吉鹏的话来说，当时事业上的不顺整合了其他所有的不顺。

整整4个月，他顶着巨大的催债压力，上游的公司每家都请了催债公司，因此他也不断受到多家催债公司的威胁。最令他郁闷和委屈的是，不是没钱还，也不是赖账，而是回款周期所限，需要一段时日。但是很多以前合作很好的上游公司就是不信，他感到之前所建立的公信力，在此刻早已荡然无存。

当时，王吉鹏每天必须坐在办公室，不敢出差，怕别人以为他逃跑了。如果真要出差，他必须一个个地打电话，告诉催债的那些人他不是逃跑，还会回来。

“我那时是精神不振而不是体力不振，老喝酒，把最近几年的酒都喝了，所以我现在基本不喝酒了。”如今坐在记者面前的王吉鹏笑了一下，身体后仰，斜靠在黑色皮椅上，眼睛盯着天花板，轻吐了一口气继续说道：“那时我每天烧香拜佛，晚上失眠，一闭眼就在算账，强制吃安眠药。一个月下来体重降了15斤。我当时常想，也许，我过不了这个坎儿。”

就在王吉鹏不得不每天坐在办公室的日子里，有一天，一个催债的又上门来威胁他，郁闷、委屈的王吉鹏这回也急了：“我不还又能怎么样？你们要真把我怎么了，谁来还你们钱？你们现在应该都来保护我才对！”

“拿不出钱，我就不要你钱，要你命。”虽然王吉鹏一直都把它当成对方的气话，但是他还是做了最坏的打算：“当时我虽然不太信对方能把我怎样，但我还是做了一点后事的安排，偷偷写了遗嘱，以防万一。”

“在煎熬中夹生”

为了摆脱“死亡”的威胁，王吉鹏开始看《活着》。他希望能在励志的图书中，得到些许光明与希望。

“比起《活着》里的主人公福贵，我这点事又算什么呢？”如今的王吉鹏憨厚地笑了笑，平静的语气中流露出一种释然的情怀：“除了《活着》，我还看《肖申克的救赎》，看了五六十遍。可以说，正是这些励志书和电影让我在当时黯淡的岁月中没有彻底绝望。”

这种看励志片的习惯王吉鹏一直保持到今天，他现在有空时也看最流行的美剧《越狱》和《迷失》，喜欢看那些处于逆境的人如何不向命运屈服的故事。

“一个人的素质在最黑暗的时候最能体现出来。”经过绝望之坎儿的王吉鹏似乎被打磨成了哲学家，很多深邃、精辟的语句层出不穷：“图穷匕见后最能看清一个人。”

当然，让他度过2002年那资金链绝望之坎儿的绝不是至理名言，而是2002年7月底公司有史以来一笔最大的来自军队的订单——2000万！这笔单子如及时雨、雪中碳，一下子让王吉鹏把欠款全还清了。

资金链绝望之坎了结了，然而人生价值绝望之坎却仍未结束。

已经身心疲惫的王吉鹏此笔单子一了，立刻迫不及待地于2002年10月底关闭了投影仪公司，年底又关了经营学生公寓的公司。

“关闭公司后，我什么都不去想，除了睡觉，就是打麻将，不想以后怎样，只想休息。2002年12月是我情绪最低落的时候，对新的很多其他的业务又不感兴趣，想不出今后的出路，直到进入到互联网。”

此时的王吉鹏开始写IT评论，一写就是10个月，成为著名的IT评论人。后来，2003年6月，他加入到“博客中国”，后来又创办了粉丝网。

心底无私，天地宽
——朱丽兰

“当领导的，绝不能欺软怕硬，让老实人吃亏。欺软怕硬的领导是最无能最窝囊的领导。这种领导人家捏着你的鼻子牵着走，上你家躺着闹，活该！公平与公正，是领导艺术的两个很重要的方面，这不需要什么高难度的技巧，但却需要领导者本人的正直与无私。”

1986年7月1日这天，对刚刚卸任中国科学院化学研究所所长的朱丽兰来说，是一个非同寻常的日子：她将以国家科委副主任的身份，第一次出台亮相，走马上任。

按照多年养成的习惯，朱丽兰一早便起了床。与往常一样，她草草吃过饭，把所要带的文件和工作用品塞进包里，然后随便换上一套已经穿过多次的夏服，便匆匆出了门。

作为一位女性，尤其是作为一位常常出现于公共场合的女性，在衣着外表上打扮打扮，讲究讲究，本是一件无可非议、顺理成章的事情。但朱丽兰在衣着打扮上多年来似乎都持无所谓的态度，从不肯在这方面下什么工夫，她对自己最基本的也是最高的审美要求，就是整洁利落，朴实大方。她的观点是：“你可能在衣着打扮上看不起我，但你在学术上却不得不佩服我。”

朱丽兰的出现，使共和国的政坛上又多了一个部长级的干部。

假如说，这次来坐这把交椅的是个男子汉，事情或许就简单了，就合情合理了，也无可非议了。但麻烦就麻烦在，来坐这把交椅的偏偏不是一个男子汉，而是个资历并不深、资格也不老、年纪还不大的女同志！

这样的事儿出在中国，自然就会让人产生几分疑虑几分担心。于是，一时间里，中国的舆论界里便有了各种说法，同时，也让西方一些国家的科技界人士颇感惊讶。

那么，朱丽兰能坐上国家科委副主任这把交椅，凭的是什么呢？其实她没有凭任何关系平步青云，真正凭的是她那种做事认真严厉，为人正直的个人魅力。

朱丽兰从一名科学家转变为科学工作管理者是在1985年2月，她被前任所长、著名化学家钱人元推荐出任化学研究所所长，这在当时也是一件众望所归的事情。

朱丽兰上任之际，正是化学所形势严峻之时。当时，我国科技体制的改革刚刚开始，国家大包大揽的拨款制度的突然变更，打破了化学所几十年来一贯靠坐吃皇粮过日子的平静。化学所人心惶惶，财务部频频告急，今后如何继续生存、发展下去的问题，第一次实实在在地摆在了全所数百名科学家的面前。

上任伊始，朱丽兰就横下一条心来："要么不干，要干就干出点名堂！"她找到科学院领导，立下军令状：既然让我当这个所长，就得实行所长负责制。所里的领导班子由我来组阁，搞不好由我负责，出了问题由我负责！接着，她确定班子，统一思想，并号召全所人员丢掉幻想，转变观念，积极投身于改革大潮中去求生存、求发展。尔后，她又大刀阔斧、雷厉风行地进行了一系列的改革举措。朱丽兰在管理制度上大胆革新：废除人治，实施法治。即是说，国有国法，家有家规，化学所就得有化学所的管理章程。最科学的管理不是靠人，而是靠管理章程本身。因此，朱丽兰根本不把精力花在处理各种乱七八糟的人事关系上，而是花在如何制定好管理章程上。章程就是法典，管理章程一旦制定，那就是所里最大的法，让它按科学的程序运作就是了，大家按章办事就行了。

比如，调级、分房子、评职称，是令研究所的领导最头疼的事情朱丽兰的办法是：先走群众路线，认真定好客观标准，再排好程序，实行管理科学化。然后不管是所长副所长，还是司机炊事员，一律按规定打分，照程序排队。此外再加一条：谁也不许上蹿下跳，到处活动，拉关系走后门，领导更不得营私舞弊，享用特权。为此还专门设了一个检举信箱，一旦查出，马上扣分。而她自己则当众表示：凡是涉及调职调级分房子之类的事，本人一律“撤退在后”，决不“冲锋在前”！若有违反，欢迎检举揭发！

于是，等到调级、评职称、分房子之际，当不少单位的领导都为此愁眉苦脸焦头烂额、到处躲藏不敢露面时，朱丽兰却每天照常上班下班，照常读书看报，照常吃饭睡觉，高兴了，还要坐下来弹上两曲钢琴，其轻松潇洒的程度，简直像压根儿就没这回事情一样。在办公室里，她不和任何人谈及此事，也不允许任何人和她谈及此事，有什么问题该找哪个部门就找哪个部门，该怎么处理按规矩办就是了；回到家里，她安民告示，不接待任何客人，即使已经来到门口，也决不开门——规矩早就公开摆在了那里，还用得着我再多说一句废话吗？

对此，朱丽兰深有感触地说：“当领导的，决不能欺软怕硬，让老实人吃亏。欺软怕硬的领导是最无能最窝囊的领导。这种领导人家捏着你的鼻子牵着走，上你家躺着闹，活该！公平与公正，是领导艺术的两个很重要的方面，这不需要什么高难度的技巧，但却需要领导者本人的正直与无私。”

朱丽兰认为，一个人只要心底无私，天地自然就宽了。

艰辛的果实回馈社会
——霍英东

在港台的亿万富翁中，霍英东的知名度可以说是最高的。他个人资产大约有130亿港元，在1993年又当选为全国政协副主席！然而，霍英东的出身，也许要算亿万富翁中最苦的一个！从苦难中成长起来的霍英东用汗水创造了无数胜利的果实，然而他并没有独自安享自己的胜利，没有忘记回馈这个磨炼了他那么多年的社会。

他的祖籍是广东番禺，但是从他的祖父开始，全家就离开了陆地，长年居住在舢板上，被人称为“舢板客”，甚至贬称为“水流柴”“疍家仔”。

1923年，霍英东就出生在这样的舢板上。他最初的名字叫霍好钊，后来改叫霍官泰；抗日战争爆发后，年轻气盛的他自己改名英东，意思是要“英姿勃发于世界的东方”！

霍英东的父母靠着一只小驳船，在香港做驳运生意，也就是从无法靠岸的大货轮上，将货卸上自己的驳船，再运到岸边码头。霍英东7岁那年，在一次风灾中，他的父亲因为翻船被淹死了。

仅仅过了50多天，霍家的小船又一次翻在大海里，两个哥哥葬身鱼腹，连尸体都没有找回来！母亲死命抱住一块船板，侥幸被过路的渔船救下一条命。当时霍英东因为在海边找野蚝，不在船上，才躲过了这场灾难。

霍英东找到的第一份工作，是在一艘旧式的渡轮上当加煤工。可是他的身体实在太单薄了，顾得上铲煤就顾不上开炉门，刚上岗就被辞退了。那几年中，霍英东简直像俗话说的“倒霉人喝水都牙痛”。不过，早年的艰辛和挫折，并没有打垮霍英东，他在不断的失败中，取得了经验，积蓄起力量，等待着机会，他坚信自己总有崛起的一天！

第二次世界大战结束后，霍英东终于以敏感的眼光，捕捉到了一个发财的机会。日本侵略军投降后，留下了很多机器设备，价钱很便宜，但稍加修理就可以用，也可以卖出不错的价格。霍英东很想做这种生意，于是他成了个读报迷，专门注意报纸上拍卖日军剩余物资的消息，及时赶到现场，以内行的目光挑选出那些有价值的，大批买进，迅速修好后卖出。由于缺少资金，他难以放手大干，但却不时有小的收获。有一次，他看准一批机器，并且在竞买中以1.8万港元中标。有一个工厂老板也看中了这批货，愿意出4万港元从他手中买下，霍英东净赚了2.2万港元，这是他在那几年中赚到的最大一笔钱了，这为他积累了最初的资本。

抗美援朝战争结束后，霍英东就预料到，香港航运事业的繁荣，必然会带来金融贸易的发展，而这又将促进商业及住宅楼的开发。于是他抢先把经营重点转向了房地产开发。1954年12月，霍英东拿出自己的120万港元，另向银行贷款160万港元，在香港铜锣湾买下了他的第一幢大厦，并创办了“立信建筑置业有限公司”。开始，他也和别人一样，自己花钱买旧楼，拆了后建成新楼逐层出售。这样当然可以稳妥地赚钱，可是由于资金少，发展就比较慢。一个偶然的事件，令霍英东得到了启发，他决定以采取房产预售的方法，利用想购房者的定金来盖新房！这一创举使霍英东的房地产生意顿时大大兴隆起来，一举打破了香港房地产生意的最高纪录。当别的建筑商也学着实行这个办法时，霍英东已经赚到了巨大的财富。他当上了香港房地产建筑商会会长，会内有会员300名，拥有香港70%的建筑生意。所以有人把霍英东称为香港的“土地爷”！

霍英东还有个美称叫“海沙大王”，也来自他在经营上的创新。20世纪60年代，香港实业界人士很少进入淘沙业，因为它需要的劳力多，投资大，而获利相对较少。但霍英东从建筑业的广阔前景预见到淘沙业也必将有大发展，所以大胆地吃起了这只“螃蟹”。1961年底，他花费巨款，从泰国进口了一艘大挖泥船，命名为“有荣四号”。香港经济起飞后，高楼大厦如雨后春笋纷纷拔地而起，对建筑材料黄沙的需求量极大，霍英东的淘沙船队因此财源滚滚，成了他的又一株“摇钱树”。

从苦难中成长起来的霍英东用汗水创造了无数胜利的果实，然而他并没有独自安享自己的胜利，而是毫不吝啬自己艰辛创造的财富，没有忘记回馈这个磨炼了他那么多年的社会。

2004年雅典奥运会后，获得金牌的中国体育健儿访港。霍英东给来访的金牌选手总计大约2800万港元的重奖。

从1992年的第25届奥运会之后，“霍英东体育基金”就开始拨款奖励在奥运会上夺得奖牌的内地奥运选手和香港地区选手。夺得金牌的选手获得一枚重一公斤的纯金金牌及8万美元奖金；亚军获得半公斤重的金牌和4万美元奖金，季军获得0.25公斤重的金牌和2万美元奖金。

记得霍先生曾经做过这样的解释：“捐赠体育项目，并非仅仅由于我本人喜欢体育运动，而是基于体育运动本身对于国家进步，民族兴盛的重要作用。”这么多年来，霍英东向国人所捐赠的巨款中，有五分之一直接捐赠于体育项目。

生命不息，创业不止
——陈宏

15岁读完初中，直接跳读进入西安交大，19岁毕业留校，26岁获纽约大学计算机博士学位。从小就一路冒尖的陈宏，尽管经历过一次又一次风雨，却矢志不渝，生命不息，创业不止。汉能投资集团董事长陈宏是个耐不住寂寞的人，因为不喜欢公司变大后按部就班的生活，他抛下在Nasdaq上市的公司GRIC，回到中国再度开创新天地。"我喜欢创业，"陈宏说。

陈宏从小到大基本一帆风顺。出生在知识分子家庭的陈宏在15岁读完初中时，直接跳读进入西安交通大学，19岁毕业留校后任教3年，1985年赴美留学，并在1991年获得纽约大学石溪分校计算机博士学位，在石溪分校他结识了后来成为他妻子的台湾姑娘刘雅玲。

陈宏博士毕业后，夫妻俩一起搬到硅谷。陈宏先进入IndustryAuto当软件工程师，后又进入TRW做银行系统整合的业务经理。但是，帮人打工不如自己做老板，陈宏起了创业的念头。"怕什么，了不起我们再从头当工程师！"刘雅玲的支持，让陈宏吃下了定心丸。陈宏一开始就将创业目标设定在庞大的中国市场上。

1991年中国刚刚对外开放，考虑到中国企业非常盼望接受国外的先进知识，陈宏决定做一个咨询公司，起名为"万事通"。"这个概念虽然非常好，"陈宏回忆道，但是当时中国公司对知识的价值缺乏认同,“朋友帮忙出个主意,怎么还要交钱”?这种情况下,“万事通”仅仅运作了半年,就宣告结束。陈宏第一次创业宣告失败。

于是陈宏将公司转型做技术解决方案,将原来服务于中国企业改变为给美国科技公司提供支持。虽然公司规模不大,但陈宏还是深刻体会到,自己创业比打工好得多,“一年营业额总有10~20万美金,收入比当工程师时高出一倍以上。”

不过在陈宏眼里,做解决方案虽能赚钱,但始终规模太小,“考虑到时间有限,就赶快把这公司关掉”。1994年,陈宏终于开始“大做”了,创办网络服务供应商(ISP)Aimnet。但在当时的硅谷,中国人给外界始终是一副工程师模样,根本没有创业成功的例子。即便是自信、聪明又努力的陈宏,也很难融到资金。

陈宏永远忘不了这一天,1994年的一个夏夜,当陈宏在律师事务所答完一大堆问话、签完一大堆文件后,终于拿到了一张200万美元、来自Vertex Management这家风投公司的支票。回想当初,陈宏依然对他的投资者心存感激。

1997年,Aimnet已是加州非常大的网络服务商,但由于机缘的关系,Aimnet已没有机会坐上全美前三的位置了。这时,夫妇俩在ISP开始整合之际便以1000万美元的价格将公司卖掉。陈宏的理由是:“当一个企业不是世界前三的话,就会面临非常大的挑战,大部分的钱会被第一名和第二名赚走,第三名少赚一点,第四名基本上赚不到钱。”在结束Aimnet后,陈宏决定创建一家在行业内世界前三的企业。“我要每次创业都能学到东西,一次台阶比一次高,”陈宏说。

在经营Aimnet时,有一次陈宏前往新加坡出差,发现长途拨回美国上网费用比旅馆费还高,因此他开始寻找将不同网络联系起来的方法,并将此定为公司未来增长点。所以在卖掉Aimnet时,陈宏只保留了移动办公室部分并将其命名为Gric,即Global Reach Internet Connection的缩写。随着网络的发展,GRIC随即把工作重心放到移动办公室通讯服务解决方案上，目前GRIC 在全球有几百家客户，提供上万个地方拨接上网服务，这样的商业模式，使得同一个用户，能够以同一个账号，在任何地方接拨上网，不受限于某一家ISP 服务范围的限制。陈宏对GRIC 的定位是“全球虚拟网络漫游商”，在这个领域，GRIC 很快就做到了全球第二的位置。

1999 年12 月15 日，陈宏领导的GRIC，在Nasdaq 成功上市，这也是第一家大陆留学生创办的Nasdaq 上市公司。GRIC 以每股14 美元的价格挂牌，第一天就攀升42%。而拜中国热之赐，在中国电信宣布与其合作后，GRIC 股价更攀升到75 美元。当然夫妻俩至今还感到庆幸，公司能在Nasdaq 崩盘前不久成功上市，目前GRIC 的股价已跌至每股4 美元附近。

GRIC 最高时市值曾达15 亿美元，虽然身价大幅缩水，但谈起当时情况，陈宏仍是笑容满面。“身价高时，也没换车、换房子，也是一样吃汉堡，生活没改变过。”和其他华人创业上市后却被迫离开公司相比，陈宏甚至还有些幸运，至今仍牢牢掌握着公司大权。

事实上，陈宏已是硅谷的华人创业公司里硕果仅存的CEO 了。更多的华人创业公司，或是半途夭折，或随着公司上市后个人所持股权的摊薄被迫由他人所取代。很多华人企业因此不敢寻找强势的管理者，怕华人创业者因此被替换。

但陈宏却始终坚持“要找比自己强的人”，这也许就是陈宏能牢牢掌管GRIC 的窍门。GRIC 是个志在全球的企业，陈宏也聘请了相当多的外籍经理人。刚开始时，面对这些“洋人”，陈宏颇有些小猫遇见大老鼠的感觉，但他始终坚持自己的用人观点。“自信的人，才会找比自己强的人，”显然从小就一路冒尖的陈宏是自信的。

如今，陈宏默默开始了第四次创业，创建汉能投资集团。虽然目前汉能投资的基金规模只有1 亿美金，但在陈宏的心中却有构建中国摩根斯坦利的雄心壮志。他认为，中国企业除了那些特别大的，很少有机会和投行沟通(特别是中小国企),国际投行也对国内中小企业“特别”不熟。陈宏相信,目前中国已有了诞生自己的摩根斯坦利的土壤,在中国经济发展过程中,需要一批拥有全球文化背景,对中国情况非常熟悉的投行,而汉能就将努力服务中国的优质企业。

在这种情况下,陈宏组建了总额1亿美金的国有企业改革基金,用于国有资产的改造。陈宏认为,中国有一批很好的中小型国有企业,由于规模太小,国外大投资者很难进行投资,但国内企业又很希望股权国际化。

谈及为何创办汉能的原因,陈宏觉得中国人搞技术和做生意都没有问题,但吃亏在华尔街的经验太少。他说自己虽然英语非常流利,但要与美国人建立深入的关系还是相当困难。公司发展需要资金的支持,创业时要找风险投资,上市前找投资银行,上市后找基金经理,靠的都是人和人之间的信任和关系。但中国人在美国根底尚浅,在华尔街很难找到支持。

在这种情况下,陈宏领导下的汉能愿做中国企业与海外资金交流的平台。“不会玩资金运作就很难做到全球化,”陈宏认为,中国企业要想做大,金融平台是必不可少的。在GRIC发展过程中,陈宏融过资、买过公司、卖过公司、上过市、上市后再融资,有着丰富的投资银行经验,面对国企改制的庞大商机,陈宏觉得他能为中国企业做很多事。

陈宏非常感谢当初支持他的风险投资,而当时他能拿到投资,台湾新竹交大的校友给了他很大的帮助。

为给后人创建一个完善的关系网,陈宏创建了华源科技协会,并担任首任会长。陈宏表示,他创建华源的目的就是建设一个华人自己的平台。“在美国,为什么犹太人那么有势力,就是因为团结。”陈宏希望通过华源,华人能够团结起来、互相帮助。“所谓华源就是来源于中华。”

现在陈宏已将他的活动舞台逐渐移到国内，并将华源作为一切志在国际化华人企业的活动舞台。现在华源科技协会已吸收了杨元庆、田溯宁、王文京等国内著名企业家作为会员。

陈宏认为，企业家有两个重要责任，一是敬业，一个是社会责任感。目前陈宏在公众面前出现更多是以社会活动家身份。陈宏笑着说:“光去年12月就做了5个演讲，飞了4万英里。”在这期间，陈宏只见过太太两次，“一次是她来旧金山机场接我，第二次是太太从日本飞来北京看我。”

虽然陈宏与妻子刘雅玲是夫妻创业的最好例子，但陈宏并不赞同夫妻创业的模式。“创业的成功率只有2%”，如果夫妻创业成功，那自然笑嘻嘻，但企业若失败，婚姻就可能破裂，这对创业的年轻人来说，“压力太大了”。所以后来刘雅玲退出了GRIC，从头创办Aicent并担任CEO。

谈起家里这两位CEO，陈宏更是笑容满面。“我家里创业气氛非常浓，我蛮喜欢。”看来对于陈宏，生命不息，创业的脚步是不会停止的。

没有在比赛中哭过，无论成功失败——李宁

许多人仍清晰记得，20 年前，李宁在汉城奥运会上连续失误后，依然面带微笑。

他说，我没在比赛中哭过，无论成功失败。

2008 年 8 月 8 日晚北京奥运会开幕式上，李宁点燃奥运火炬以后，到李宁旗舰店询问和购买“全掌弓”的人明显增多。

“全掌弓”是李宁“飞天”奔跑时脚上穿的运动鞋。

悬念是在当晚 23∶55 解开的，公众直到此时才知道，点燃奥运会主火炬的是昔日的体操王子。

106 块奖牌，其中 14 块金牌，是李宁为中国从零起步的体操创造的神话。

特别是 1982 年 10 月，李宁在第六届世界杯体操比赛中拿下六项冠军，创造了世界体操史上的神话，被誉为“体操王子”。

而体操场上失意后转战商场的成功，是李宁的另一个辉煌。

汉城失意后收到的那束鲜花

“飞天”之前，李宁给在国家体操队的教练张健发了条短信：一起分享点火时的快乐。

“我一直觉得亏欠李宁。”后来，张健对本报记者说出了他的心里话。

1986 年，李宁就向张健提过退役的事情，说自己已过了最佳状态。张健找他谈了三次话，说队里缺少主力，希望他能坚持到1988年奥运会之后。

没料到，李宁1988 年兵败汉城。“不然的话，李宁也不会离开得那么凄凉。”张健说。

从汉城回来下飞机的时候，拿金银铜牌的运动员走在前面。李宁只拿了个第四名，张健陪着他最后下飞机。下飞机后，在海关工作的一个小伙子冲李宁说，“李宁，你哪儿不好坐，跑到汉城去坐（在这届奥运会上，李宁吊环和跳马项目连续出现重大失误）”。

那天迎接代表团回国的鲜花和掌声不属于李宁。他走过偏僻的通道，突然发现有个人手捧鲜花在等着他，李宁含泪接过鲜花。

这个人就是李经纬，健力宝集团的创始人，健力宝是中国运动员1984 年在洛杉矶奥运会的指定饮料。李宁、李经纬两个相差24 岁的人由此相识，相互欣赏，成了忘年之交。

回国后，不止是民众给了他压力，部分官员的态度也让李宁难以接受。张健记得，李宁在那段最苦闷的时间曾经跟他说过，“国家只要金牌，不要运动员”。

1988 年12 月16 日，李宁在深圳体育馆举行了告别晚会，宣布退役。

当时，任国家体委训练局局长的张健希望李宁能在国家队任教。李宁说他考虑一下，一个星期后，给出了答复：离开。

广西体委也邀请李宁出任副主任，李宁同样婉拒了。

李经纬再次出现，向李宁发出邀请，他答应了。

李宁的人生轨迹由此改变，也为运动员退役后的去向开辟了一个新的途径：不只是当教练和进政府机关。

世界屋脊传递亚运火种的那身“李宁”

1989年加盟健力宝之后，李宁担任总经理助理，分管策划、公关等工作。他上任就建议公司拍了一条有冲击力、富于体育动感的广告，摄制及广告费用花了60万。这在当时是个天文数字，不过广告给健力宝带来了回报。这一年，健力宝的销售额增加了3000万。

此时的李宁开始接近自己的梦想——做一个属于中国自己的品牌。

每次在国外比赛，因为穿着外国生产的运动服，经常被误认为是亚洲其他国家的人，李宁一直希望能穿着中国制作的运动服出现在国际赛场上，但临到退役也没有实现这样的梦想。

现在，他希望办一家体育服装厂，想法得到了李经纬的支持，1990年初创办了健力宝运动服装公司，“李宁”是品牌。

当年，中国第一次举办亚运会，李宁品牌取得了亚运会火炬传递活动的赞助专利权。8月，身着李宁牌运动服的李宁，在世界屋脊青藏高原接过了第十一届亚运会圣火火种。这次活动让25亿中外观众知道了李宁牌。

但这并不意味着李宁就此可以高枕无忧。在服装厂创办之初，李经纬已隐约意识到健力宝自身产权不清会留下后遗症，于是选择了合资，找到了一家新加坡的企业共同投资创立了“李宁牌”。

1994年，健力宝运动服装公司从健力宝集团脱离，更名为李宁体育产业公司。接下来李宁体育用品集团公司成立，后又搬到北京，开始了新的征程。

运动装备设计中的那些“中国元素”

到2007年，李宁公司的销售收入超过45亿元，稳住了中国体育用品行业第一的地位。但与同类的耐克、阿迪达斯相比，实力还显薄弱。

李宁的目标是要把公司做成一个国际化的企业，李宁公司新闻发言人张小岩说，“中国元素”是打造国际化品牌的重要战略。

李宁自2005年正式提出“中国元素”战略，但不是简单把龙、云这些图案放在表面就是中国元素，而是要把中国文化的精神渗透到产品中去。

李宁在欧洲看到阿迪达斯的产品也写了中国成语，是“勤劳致富”四个字。“这几个字太平了，体现不出中国文化。”张小岩说，李宁一开始也是做一些图案和成语，在一款篮球服上写了四个字“针锋相对”，在一款足球服上写了“攻无不克”，准确而形象。

随着时间推移，李宁品牌对“中国元素”的应用由外而内。

一款能减振震的“李宁弓”运动鞋内部按照赵州桥的构造设计，“飞甲”篮球鞋的创意来自古代战士的铠甲。

败给阿迪达斯之后的商人智谋

创业之初，李宁便盯上了体育赞助这种营销手段。

1990年赞助亚运会火炬传递的那次活动，组委会开出了300万美元的价格。李宁利用自己的影响，找到熟悉的国家体委官员，以“爱国热情”说服组委会放弃了300万美元的外商赞助，而选择李宁的250万元人民币。

此后的广岛亚运会，1992年到2004年奥运会，中国代表团的领奖服一直是李宁品牌一统天下。特别是1992年8月，李宁牌装备作为第二十五届巴塞罗那奥运会中国代表团指定领奖服装，结束了中国运动员在奥运会上使用外国体育用品的历史。

2001年7月13日，北京拿到2008年奥运会主办权，李宁立即行动起来，为争夺奥运会的赞助商而努力。结果虽然败给了阿迪达斯，但李宁公司赞助了北京奥运会西班牙和瑞典两个国家代表团入场服装和领奖服装，同时还赞助了西班牙和阿根廷篮球队的比赛服。

2007年1月5日，李宁公司又宣布了一项避开与对手直接对抗的办法，与中央电视台体育频道签约，自2007年1月1日到2008年12月31日，体育频道所有栏目及赛事的主持人和出镜记者的出镜服装，都由李宁公司赞助。

45岁就已经在经营公司方面放权

奥运会开幕式上，李宁的飞天一冲，取得的效果似乎超越了“四两拨千斤”。

“实际上，李宁很少过问公司的事情。”李宁公司新闻发言人张小岩说，看国内的第一代民营企业家，不少人到了六七十岁还在商战中冲锋陷阵，但45岁的李宁早已放权，把公司交给职业经理人打点。

李宁懂得放权，为自己赢得了“闲云野鹤”般的生活。1993年，香港无线上演连续剧《武林至尊》，李宁便在剧中扮演武功过人的高僧普照。接下来，在电影《七金刚》中，李宁又出演主角。

1998年，35岁的李宁成为北京大学法律系的脱产学生，2000年又辅修了光华管理学院的EMBA课程。

一年后，李宁公司现任CEO张志勇就任（当时公司还没有上市，张志勇任总经理），之后，公司的职业经理人团队成型，李宁淡出公司的日常运营，逐渐转向资本运作和战略布局。

李宁现在大部分时间居住香港，对于设在内地的李宁公司，他做到了“放得下”。

建立体操学校推广“快乐体操”

不过,“中国体育”一直是李宁放不下的信念。

1988 年李宁退役晚会结束时,他曾对媒体说:“我想建一所体操学校。”

3 年后,佛山李宁体操学校建成,这是中国第一家民间资本设立的体操学校。它试图通过“快乐体操”,推广一种让少儿在体操当中得到锻炼的方法。

在具体负责运营的李宁学校校长谢铁华看来,除了热爱,李宁建立并持续经营体操学校的另一目的,是为了观察体育培训业在中国发展的可能性。“如果民营方式做得好,既能盈利,又能推广这项运动,也能更多地解决退役运动员的就业。”

2005 年,李宁将部分李宁公司的股份套现上亿港币,使得李宁在企业的股份和个人资产下降。公司的声明称,这笔资金将主要用在培养青年运动员和发展中国体育事业。

点火炬就像当年要准备参赛一样

据透露,导演张艺谋确定采用“飞天奔跑”点火仪式时,国家体育总局提供的名单里李宁排名靠前,而独特的点火方式又使李宁成为最佳人选。

与李宁同一时期的贵州省体操运动员范承玲看到点火仪式后说,当时我们只看到了奔跑的李宁,看到了中国体育的精神,而不仅是奔跑的李宁鞋。

开幕式 3 天后的《华尔街日报》这样写道:“李宁不仅代表了中国往日的体育成就,也象征着今天的经济改革;正是这样的改革改变了中国，也使李宁跻身中国最富有人群之列。”

李宁后来在接受采访时说，准备飞天点火炬时，像回到当年训练，要准备参赛一样。

许多人仍清晰记得，20 年前，李宁在汉城奥运会上连续失误后，依然面带微笑。

他说，我没在比赛中哭过，无论成功失败。

坚持不懈的挑战
——明茨伯格

“我认为对中国经理人来说，最重要的是找到真正适合自己的管理方式，而非简单拷贝美国经理人的做事方法。如果美国经理人照搬中国的做法，这仅仅有些危险，但是如果中国经理人照搬美国的做法有更大的危险。日本有很多成功的企业就没有单纯效仿美国，丰田就是丰田，它历史悠久，却始终保持着开放的视野和心态，即使以美国的标准来衡量，它也是一家很成功的企业。这对中国企业有启示，美国不是唯一的模板。中国经理人真正要走向国际化其实应该向各国值得他们学习的经理人去学习，而不应将目光完全盯在美国企业身上。美国能够代表这个世界吗？”

34 年前有两位管理学家同时出了书，一本是管理学之父彼得·德鲁克的扛鼎之作，另一本则被15 个出版商拒绝之后才获机会呈现给世人。那个屡屡受挫的作者就是明茨伯格。

作为经验流派的代表人物，明茨伯格长久以来隐藏在德鲁克和迈克尔·波特的光环之后。这个特立独行的管理学大师进入21 世纪后得到了越来越多的重视和认同。

2007 年5 月20 日，在中国人民大学举行的第八届中国MBA 发展论坛上，这位时常语出惊人的明茨伯格独家接受《英才》专访，和今天大多数学者不同的是，明茨伯格不只是有勇气批评，他还努力开创一种新的管理学教育方式。

战略管理似乎生来就是个战场，不只是企业家在追求出奇制胜的战略，研究战略管理的那些开拓者同样是百舸争流。

在迈克尔·波特的竞争战略特别是五力模型风靡全球的20年间，年长波特7岁的明茨伯格并没有盲从。与学院派探索管理学的方式不同，他不喜欢用复杂的数学工具来论证观点或假设是否正确。甚至与同样注重实践的德鲁克也有所不同，明茨伯格以自己独到的方法直奔现实。

为了解经理人是否以学院派所夸夸其谈的方式在制定战略和进行管理，他拿着手表到管理者的办公室去观察和记录他们的日常工作。当他看到事情的真相后，对所谓的战略规划大加鞭挞。

“我认为如果我们摆脱战略这个词，或许会更好些。不是因为战略不好，而是因为我们拘泥于自己想象中的战略管理。战略计划自相矛盾，试图通过刻板的方式来抓住战略管理就如想让摩西从山上走下来一样愚蠢。”

明茨伯格将管理比喻为一个三维体，包括科学、艺术和手艺。在他看来，德鲁克和波特都有很大的贡献。但是他在自己的书中毫不客气地指出，波特对战略进程有过于狭隘的看法，“日本企业不仅不用去学习战略，他们还完全胜任给迈克尔·波特讲授战略。”德鲁克在明茨伯格眼中略微好些，因为他在科学及艺术两个维度有研究。明茨伯格认为，在管理研究中不能局限在某个方面，“管理者必须要有大局观。”

不留情面的批评没有改变他边缘化的地位，不过似乎也没有让他感到尴尬或压力。他曾开诚布公地说，“我的性格特征是不怕与众不同。我不在乎。人们说我很勇敢，我不这么认为，我又没有拿着枪上战场，我也没有领导革命。我可能领导一个纸上的革命。”

直到2000年,61岁的明茨伯格终于拿到了管理学学会的杰出学者奖。在颁奖午宴上明茨伯格对台下热情的人们揶揄道,“我在2000年而不是1990年拿到这个奖,是有原因的。”

像明茨伯格自己所感受到的,至少在20个世纪90年代以前,美国学界还十分热衷于通过系统的商学院教育来培养经理人、通过宣扬科学的分析方法来帮助经理人制定战略。

新千年之后人们才渐渐认识到战略不是刻舟求剑的计划,不是硬邦邦的一个文件。管理者在战略管理当中常常像手工艺人的创造一样,需要和材料、环境有交融的过程。

忽视了这一点,其实是舍本逐末。

历经30多年的标新立异,明茨伯格逐渐赢得了更多的追随者,不能不说他比属于他的时代领先了很远。

今天这个时代,语不惊人死不休的人很多,但是在喧嚣过后值得回味的并不多。很多人想知道:明茨伯格究竟是如何形成一些出人意料的想法的?

“我没觉得我的工作习惯有什么独家妙方,可能是我更喜欢在独自运动的时候冥想和思考吧。”他坦率地说。

帮助明茨伯格获得创造性想法的运动是划独木舟,越野滑雪,或者骑自行车。在这些运动中明茨伯格还创造过一项纪录。

1987年他花了8天时间骑自行车在巴黎旅行,一路上行李和装备让他不堪重负。就在即将完成此次旅行之际,他骑车走近香榭丽舍大道,戏剧性的一幕发生了。

他发现一整排的警察守卫着异常空旷的林荫大道,便随口问发生什么事了,没人响应。于是明茨伯格独自一人沿着宽敞的街道大摇大摆地骑过去。

你能想象一个带着金丝边眼镜的大学教授,骑着笨重的自行车走在顶级时尚之都的场景吗?

今天再度重温这个故事，明茨伯格自己也不禁哑然失笑。他似乎对一切流行的乃至成为经典的东西都保持着距离感。

1998年明茨伯格把一张纸锁进蒙特利尔一家银行的保险柜里，这在业内成为持续几年的谈资。人们好奇，那张纸上到底写了什么，值得如此珍视。

直到今天，谜底只掀开了一角，纸上记载的是这位大学教授在近花甲之年的人生目标。明茨伯格写了好几条，其中之一是要改变管理学教育。

正如他评论同行中的泰斗一样，明茨伯格极不留情面地批评商学院的MBA教育将学生误入歧途。

他倡导的项目已经在欧洲开展起来。有人说明茨伯格和商学院对着干，等于砸自己的饭碗，毕竟他自己就在商学院供职很多年。

现在明茨伯格的又一个目标公开了，他希望能够推动社会作出一些有益的改变。为此明茨伯格正在筹划一本新书，题为《跨越亚当·斯密与卡尔·马克思：迈向一个更平衡的社会》。在务实主义者看来，这本书要么石破天惊成为一部经典中的经典，要么成为一个愚公移山的笑话。

明茨伯格对旁观者的评价只有一个词，whatever！

充实而多彩的漫长人生路——里根

里根一生漫长而多彩：他曾是一名出色的体育播音员；29年间拍摄了51部电影；在69岁这个大多数人都在享受悠闲退休生活的年龄，他成为美国历史上年龄最大的总统。他是第二次世界大战结束后第一位任满两届的美国总统；他是20世纪80年代世界舞台上的风云人物；当他离开白宫时，支持率之高创下美国历届总统之最。正如美联社记者迈克·范西尔伯所说，里根的人生充实而多彩。

酗酒鞋商的宝贝儿子

1911年2月6日，里根出生于美国伊利诺伊州坦皮科城一座普通公寓内。他的父亲约翰·里根是一名酗酒的鞋商，生活中充满了麻烦。

里根是家中幼子。他降生后，父亲说，这个可爱的小家伙长得很像荷兰娃娃，于是给他起了“荷兰人”的绰号。

里根9岁时随全家搬到了伊利诺伊州迪克森，进入当地迪克森高小就读。在校期间，里根就表现出过人的才华和天生的领袖才能。他是校园中各项体育比赛的主力，并且成功赢得人生中的第一次竞选——当选校学生会主席。

1928 年，里根考入尤雷卡学院攻读经济和社会学。在大学里，他仍然热衷于参加体育运动和戏剧表演，这为他最初的职业生涯奠定了坚实基础。

1932 年，大学毕业后的里根在艾奥瓦州一家电台担任体育节目播音员，专门报道橄榄球比赛和棒球比赛。在这 5 年里，里根每星期只能领取 75 美元微薄薪水，勉强维持生活。

好莱坞带来人生转机

平淡的人生终于出现转机。

1937 年，好莱坞华纳兄弟电影公司招收演员，招聘广告上每星期 200 美元的薪水令里根十分心动。他抱着试试看的心态前去应试，不料被顺利录取，从此开始了将近 30 年的银幕生涯。

里根出演的第一部电影名叫《云霄恋曲》，他在影片中饰演自己的老本行——一位电台播音员。熟悉的角色和环境让他驾轻就熟，第一次出镜就获得了成功。此后，里根虽然出演了多部电影，但反响平平。不过，当他在名为《克努特·罗克尼》的电影中扮演一位名叫乔治·吉普的橄榄球中卫时却大获成功，“吉普”的坚强形象深入人心，这也成为里根的第二个绰号。

第二次世界大战期间，里根应征入伍，在空军服役，并且帮助军方拍摄训练题材的影片。退伍后里根重返好莱坞。此后 20 多年，他曾在 50 部影片中担任角色，并先后出任电影演员协会主席和电影业委员会主席。

在冷战气氛浓厚的 20 世纪 50 年代，文化和娱乐圈人物成为美国政府重点调查的对象。里根虽然不反对政府的有关法律，但总是想尽办法保护无辜者。

由于在电影业的发展前景有限，里根转而进入电视业发展。

1954 年至 1962 年间，他先后在收视率颇高的电视节目《通用电器剧场》中担任演员和主持人，大受欢迎。担任电视节目主持人的经验使他在公众场合的演讲技巧大大提高，并成为通用电器公司代言人。

捍卫自由的“平民州长”

1964 年，里根代表戈德华特参加总统竞选发表的全国电视讲话令人耳目一新。他在讲话中说：“我们必须捍卫自由，否则自由将离我们而去。”这句话成为当年风靡美国的名言。

里根这番精彩的电视讲话成为他人生中的又一个转折点。不少实力雄厚的企业家纷纷表示支持他参加加利福尼亚州州长竞选，与政坛老将、民主党州长埃德蒙多·布朗一较高下。

布朗对没有从政和参选经验的里根十分不屑，在各种场合讥讽嘲笑他“只是一名演员”。但里根却把这一劣势转化为优势，自称“平民政治家”，赢得了广大选民的好感和支持。

结果，在 1966 年的加州州长竞选中，政坛新星里根以 70 万票的绝对优势击败布朗当选州长，并在 1970 年成功连任。

经验的缺乏帮助里根在竞选中击败了对手，但在担任州长期间却成为他的致命伤。在里根担任加州州长 8 年间，该州财政支出翻了一番，还通过了备受争议的堕胎法案。里根后来回忆说，自己当时实在有些轻率，显然在葬送自己的政治前途。

1968 年和 1976 年，里根曾两次争取共和党总统候选人提名，但分别输给了尼克松和福特。不过，里根并没有就此放弃。当福特在竞选中败给卡特后，里根终于在 1980 年赢得了挑战白宫主人的机会。

七旬老人连任总统

在1980年的美国总统选举中，共和党人最初希望由福特作为副总统候选人做里根的竞选搭档，但是里根最后却选择了一再抨击自己的竞争对手乔治·布什。

卡特执政期间美国经济陷入困境，令许多选民不满。所以，里根在1980年的大选中以较大优势击败卡特和独立候选人约翰·安德森，当选为美国第49届总统。此时，他已是69岁的老人。

老布什此后在长达8年的时间里成为里根的副手，并最终借助里根的影响当选总统。但他当时曾猛烈攻击里根在经济领域"一窍不通"。

里根宣誓就任总统后不到1小时，震惊世界的伊朗人质危机宣告结束，给里根送上了一份大礼。1984年总统选举，里根又以绝对优势成功连任，赢得了50个州中49个州的选票，成为二战结束后美国第一位连任两届的总统。

里根成功的从政经历引起不少历史学家和政治人物的兴趣。但是他们仔细研究后发现，里根独特的领导艺术相当令人称道。

确切地说，里根并不擅长具体的行政管理，但是他知人善任，非常信任自己的助手。里根平常只进行重大问题的决策，具体事务和管理则放手让助手和内阁成员负责。每当助手汇报有关情况时，里根通常一言不发，也不发表任何评论。但是每逢关键时刻，里根的表现则十分果断，他会在听取各方意见后迅速作出自己的决定，对于各种反对意见则不加理会。

里根认为，过于强大的政府对国家来说并不是好事。他曾经说过一句在西方流传甚广的名言："政府不是解决方法，而是问题所在。"

我只是需要一位能干的人
——盛田昭夫

1979 年他就公开表示：我不想恋战太久，这样会损害下一代人的志气。我也不在乎继承人是否是我的儿女，我只是需要一位能干的人来领导索尼。

盛田昭夫1921年出生在名古屋的一个酿酒家族，毕业于大阪帝国大学。1944年大学毕业后，盛田被征召入伍，在海军里当技术尉官；不久就在海军研究中心任技术工程师，从事热追踪武器的研究工作。这时，他认识了日本精密仪器会社的总工程师、比他大13岁的井深大先生，两人由此建立了长达40年的合伙关系，并共同创建了索尼公司，在短短的几十年内将一个小厂发展成著名的国际性大企业。第二次世界大战后，在日本经济非常艰难的情况下，发挥其天赋，创造了日本的几个第一。从此，“日本制造”便成为高品质电器的代名词。

盛田昭夫在1971年成为索尼公司总裁，并在1976年出任会长。他1993年底在打网球时中风后就不参加商业和社交活动。“索尼先生”盛田昭夫同年10月3日因肺炎病逝于东京。

正是他的“让人们无论何时何地、甚至在户外都能欣赏最爱的音乐”的大胆设想，导致了Walkman这一著名品牌的诞生，人们也拥有了一种全新的生活方式。

他对当年的日本企业界和现今中国企业界最宝贵的示范意义，则在于1960年代日本企业界尚满足于为美欧大企业贴牌生产时，他使索尼率先把“日本制造”的形象由廉价的模仿品提升为低成本高质量的代名词。

他最伟大的成就，是以举家迁往美国为开端，以10年不盈利为代价，打开美国市场，第一个实现日本企业国际化的梦想：1970年，索尼成为日本第一家在纽约股票交易所上市的公司；1972年，又成为日本第一家在美国建厂的公司。

热爱社交和著书立说的盛田以敢言著称。他早年的作品《日本制造》是日本当时最畅销的商业书，与他人合著反应国际贸易争端的《日本可以说不》，也都在日本激起强烈反响。

他最富远见的观点，莫过于晚年提倡的“全球化考虑，本地化入手”的国际化策略，也就是说公司应该有一个跨越国界的共同价值观，为全球的顾客、雇员和股份持有者服务，而不应该看公司起源于何处——这个最高阶段的公司全球化经营管理哲学不仅使索尼本身在全世界的业务广泛拓展，对提升日本电子工业的国际地位更是居功至伟。

1975年，索尼推出了“贝塔玛斯”家用录像机。盛田公开断言：昭和五十一年（1976年）将被后世尊为“录像机元年”。当时，全世界的经济危机刚刚过去，各方面才开始恢复元气。盛田的这一行动不仅未引起同行共鸣，反而被讥讽为“盛田昭夫的独角戏”。但后来家用录像机迅速发展的事实，终于令对手们自愧弗如。

1986年，在索尼公司创建40周年的纪念活动中，曾有人问盛田昭夫，成功的秘诀是什么。对此，盛田昭夫微笑着说：“其实很简单，就是企业的经营要以人为本。”

在用人方面，盛田昭夫曾写过一本非常畅销的书《学历无用论》。他认为，学历无用并非看不起学历，而是不能光是以学历来评价一个人的价值。以资历为主和看重学历的做法是阻挡许多年轻有为的工作人员发挥自己能力的一大障碍。因此，索尼公司必须以"人尽其才，根据实际成绩和工作能力来安排人才"作为指导思想，才能使索尼始终立于不败之地。

盛田自己便率先实践这一思想。1971 年他接替井深大担任索尼公司总裁。1979 年他就公开表示：我不想恋战太久，这样会损害下一代人的志气。我也不在乎继承人是否是我的儿女，我只是需要一位能干的人来领导索尼。

三年后，一位男中音演员出身的人出人意料地坐在了索尼公司总裁的宝座上。

真诚和直率的沟通
——托马斯·奈兹

21世纪第二年发生在美国的那场人道灾难，将整个世界都扔进了不确定性的深渊。随即爆发的安然丑闻，则将商业世界也拖了进去。人们变得怀疑、不安、焦虑，需要更清楚的远景以慰藉内心，但同时也压迫公司领袖和政治家们对眼下混乱的世界给出更明确的答复。人们迫切地想知道一切，想尽可能多地将不可知的现在和未来变得可知，想对所有政治和商业的问题获得最快速的解释。这一切都令信息的传递和沟通变得比以往任何时候都重要。托马斯·奈兹（ThomasNides）想要扮演这样的沟通者角色。

44岁的奈兹当过美国政府官员、副总统候选人的大选活动经理、众议院议长助理、华尔街三家大金融公司的高管。他经历过政界和商界两个天地，显然知道沟通者可以在当今社会拥有什么样的位置。

这位就任博雅公司（Burson-Marsteller）的CEO，此番来中国的目的之一，是想告诉那些对在海外上市跃跃欲试的中国公司，与投资者的沟通是何等重要。

“今天的我们正处在一个新的世界。”奈兹说，在今天的金融市场上，监管更严厉，董事肩负的责任更大，股东对利益的要求更高，公司要变得更透明、遵守更多的法律。奈兹是在金融界呆过的人，如何学会和投资者进行有效的、及时的沟通，赢得海外投资者的信任，他在公关界显然比谁都更有发言权。

真诚和直率，是奈兹认为的一切沟通的原则，无论是做贸易谈判，还是拜见客户。在克林顿政府时期，奈兹曾是美国贸易代表办公室的助理，参与了当年巴尔舍夫斯基与中国展开的一系列入世谈判。“你拿什么名片并不重要，重要的是你是什么人。”奈兹说。

是的，奈兹风趣，反应灵敏，毫无金融界的死板作风，也没有沾染政客的世故圆滑。他甚至会坦诚地说那部直指小乔治·布什窃国的纪录片《华氏911》从电影角度来说并不是一部好片子，尽管那部片子完全是在为他当年的立场说话。

2000年时，奈兹是当年美国总统大选中民主党副总统候选人乔·利伯曼的大选活动经理，负责利伯曼所有的竞选活动。结果那年秋天在佛罗里达州的重计票结果，令他所在的阵营沮丧万分。那也成了他此生最沮丧的时刻，并最终促使他离开政坛，投身商界。

当然，奈兹也坦率地承认，弃政从商的另外一个原因，是可以多挣钱。在政府工作，很难养家糊口啊，奈兹笑道。之后的职业发展，显然帮助奈兹达到了这个简单目的。奈兹的供职公司从摩根斯坦利，到瑞士信贷第一波士顿（CSFB），再到联邦贷款抵押协会(Fannie Mae)。

事实上，真诚与直率永远是一切沟通和传播的最大原则。问题只是在于，你能不能做到，并且一直做到。

从这个角度讲，公关传播公司这样的沟通者，并不总是受欢迎的对象。他们主张沟通，但是其坚持的真诚和直率原则有可能会令他们被拒之门外。但即使如此，奈兹仍认为，传播者的角色是说真话，而不是替客户编好话。“他们聘用博雅，是为了找一家专业经验丰富的公司，一家从业五十多年的公司，一个能够坐下来说真话，而不是说顺耳话的高级顾问。他们并不一定要听我们的，但是我们能提供最好的建议。”

公关传播公司面临的另外一个困境，是人们可能为了推卸责任，或者掩盖真相，而试图让传播者承担他们自己业务做得不好的结果。而在很多情况下，你的确很难分清一个问题是出在了业务上，还是出在了传播环节上。这个时候，奈兹认为，传播者的责任就变成了迫使客户说真话。

毫无疑问，逼人们说真话要比自己说真话困难得多。但是奈兹的诸多政治和商业经历——包括参与了瑞士信贷第一波士顿由衰而盛的大逆转——显然令他很清楚，不说真话的恶果会是什么样子。不要以为回避能解决问题，奈兹说，也不要以为时间能让人忘记一切，人们会不停地往下挖，最后只能让说谎者变得更丑陋。

奈兹说，博雅的强大品牌是吸引他加入这家公司的一大原因。但是对博雅来说，奈兹却不是一个公关界的品牌。他年轻，阅历丰富，他相信自己“是一个资历不错的治理者”，但是他目前还没有学会像去年年底刚刚退休的前任CEO柯伟思那样，可以在任何发生变革的时刻都能站出来，用生动的比方将众人的注意力吸引到公关传播的重要性上来。

在他出生前这家公司就已经创立了七年，其创始人至今仍坐在奈兹隔壁的办公室里，并通过招贴和照片，看着全世界一百余家办事处的每日运营。

博雅是一家业绩良好的公司，它没有经历剧烈的变革和危机——至少对于一个庞大集团的子公司的子公司来说，你只可能知道这些。但是你可以看到的是，在中国公关业，除了同属WPP集团的奥美以外，鲜有人是博雅的对手。在全球，博雅也是五大知名度最高的公关公司之一。

不过公关传播和律师等专业服务一样，是一个依靠人气的行业。

客户在挑选公关公司时，更愿意交给自己了解并信任的人。1953 年成立的博雅一直健康发展至今，与其 84 岁高龄的创始人夏伯新先生依然以董事长身份每日上班有着很大关系。现在的公关传播界没有比他更知名、更有影响力的人物，他在行业和客户里的卓著声誉，“对我们很有用。”

奈兹很谦卑地谈论自己在博雅的作用，是来帮助博雅拓展新业务、提高业绩和强化品牌的。对，是强化品牌，而非重塑品牌。博雅的品牌已经很强大了，关于这个品牌他唯一能做的，也许就是——“毁掉它”，奈兹笑说，“当然不是，我会尽力强化它。”

15 岁的CEO 如此惊人
——贾斯敏·劳伦斯

这位非洲裔美国女孩在自己家里独立研发了伊登纯天然美体产品，随后成功创办了伊登美体用品有限公司并自己担任公司的CEO。目前在美国，许多闻名的连锁超市和美体产品销售机构主动找到劳伦斯，表示愿意合作，就连世界零售业巨头沃尔玛也被这位黑人女孩说服，同意伊登美体的产品顺利摆上沃尔玛的柜台。的确，无论是肤色、家境还是年龄，劳伦斯都没有任何的优势，但是她被美国商业社会誉为“赚钱要趁早”的少年企业家代表之一。

15 岁的美国黑人女孩贾斯敏·劳伦斯创立的伊登美体用品有限公司，总部就在位于美国新泽西州的自己家里。

进门的小客厅是劳伦斯公司的前台。家人和朋友在这里帮助她加工制作标签和处理业务电话。在厨房里，劳伦斯的同学们帮助她察看、审核、处理订单，而地下室，则是劳伦斯的产品“生产基地”，劳伦斯的朋友们在那里七手八脚地进行产品的包装、检验。

随着伊登美体产品的畅销，劳伦斯不得不把自己的“生产基地”进一步扩大，从最初自己那个小房间搬到家里的地下室，甚至是杂物库。不知不觉中，劳伦斯的公司几乎“侵占”了家里的每一个角落。

“我现在正在加紧预备，希望有自己的工厂进行扩大生产，增加产品的市场供给。我已经预备好做一番大事呢。”劳伦斯的成熟显然远远超过了同龄人，她说，“我觉得一个人永远都不会因为太老或者太年轻而不能去做自己想做的任何事情。”

劣质洗发水引发的创意

为什么一个15岁的女孩会选择在学业尚未成熟的时候自己研制美体产品，又带着自己的产品涉足商海呢？这源自贾敏斯·劳伦斯11岁时的一次尴尬经历。

当时，劳伦斯在便利店买了一瓶洗发水，用了几次之后劳伦斯发现头发有脱落迹象。最初，她以为这可能是正常的现象，以后就会好了。可是劳伦斯发现头发脱落的现象不仅没有停止反而越来越严重了。

“不敢想象我的头发当时脱落成什么样子，实在太可怕了，我当时只能不停地梳头发，否则会让人明显看到我头顶上的头发很稀少，但不管我怎么样梳，我的头发都很引人注目。”于是，劳伦斯怀疑是这瓶洗发水的问题。她观察每次洗过头发的状况，果断地做出判定：这种化学合成的洗发水对人的头发存在很大的副作用。

这个发现让年少的劳伦斯很震动，她开始对摆在货架上各式各样的洗发水感到害怕，为了避免头发再次受到损害，她决定自己尝试调制天然的洗发产品——她用荷荷巴油、杏仁和熏衣草等在自己的头发上试用。

对平常人来讲，假如发现自己购买的洗发液导致头发脱落等损伤情况，一般就弃置不用转而寻找适合自己的洗发液，或者购买头发修复产品以弥补头发所遭受的损伤。但是小小年纪的贾敏斯·劳伦斯的做法却截然不同。

自己试用后和市场上那些洗发水相比，劳伦斯更相信和满足自己的“杰作”。在确定没有不良反应的情况下，劳伦斯坚持使用自己制作的天然混合剂洗发液。

就在那一年，贾敏斯·劳伦斯有机会被选去参加由美国国家创业教育基金会（简称NFTE）举办的夏令营活动。在这个活动中，劳伦斯学习了怎么拟定商业计划、制定价格策略等创业内容。劳伦斯说，正是这次培训鼓励了她将自己的商业梦想付诸行动。

在参加商业夏令营之后，劳伦斯开始具体实施自己的计划。她的想法和创意得到了家人的大力支持，她从母亲那里得到2000美元的启动资金。她把这些资金用于购买荷荷巴油等天然产品，还有调配试剂的器具，及其他一些生产原料。

最初劳伦斯开发的产品只有一种，就是荷荷巴油全天然洗发精油，而且也只是小范围推荐给朋友试用。渐渐地，朋友们主动表示，愿意购买劳伦斯配制的洗发精油，甚至当地的零售商店也主动前来批量订购。

这时，劳伦斯意识到知道自己的机会来了，“一种坚定的直觉告诉我，我必须抓住机会。”劳伦斯说。就这样，这个小姑娘的商业计划酝酿成熟，她在新泽西州注册了商标，创立了伊登美体用品有限公司，并正式开始商业运营。这一年，她只有13岁。

最初受条件的限制，劳伦斯最初的伊登美体用品公司的总部就在劳伦斯自己的房间里，同时这里还是整个伊登公司的生产基地所在，劳伦斯本人既是CEO又是公司的技术总监，产品的研发生产都集中在她一个人身上。

这看起来似乎是一个未成年人的游戏，但是不可思议的是，截至2006年底，伊登公司正式注册经营的第一年，产品线就由最初单一的荷荷巴油洗发液扩展到7种产品，更让人赞叹不已的是，她还研发出芳香且对人体肌肤具有相当疗效的浴盐。在摸索体验过程中，劳伦斯形成了一套科学的生产和经营方式，比如在产品定价上，她把自己产品的价格从均价每瓶5美元降到每瓶95美分，以吸引更多的体验者。

劳伦斯的公司开业的第一年收入了15000美元。这一年可以说是劳伦斯摸索的一年，也是验证产品的市场效果的一年，实际的盈利状况大大增加了这位少女CEO的信心，因为公司发展的方向更加清楚了。

从沮丧到被认可

贾敏斯·劳伦斯的母亲接到全球闻名的奥普拉脱口秀节目制片人的电话，这位制片人告诉劳伦斯的母亲，享誉全球的脱口秀女王奥普拉邀请这位15岁的小姑娘做特约访问嘉宾。

这实在是一个让她备感振奋和鼓舞的消息。因为像劳伦斯一样年幼的创业者往往经受着巨大的心理考验，成人社会只把他们的创业之举当做幼童的游戏，总会不时告诉她："你太小了，你这样做根本就是不切实际"，因此她们总是遭遇被成人社会拒绝平等的商业对话的尴尬。

劳伦斯说，当大人们以年纪来判定她和她的业务运作时，她感到很沮丧，"当我和那些大公司谈业务的时候，我不愿意告诉他们我只有15岁，因为他们会习惯性地认为这似乎是开玩笑，而不把我的构想和计划当真。"

劳伦斯为了预备这个电视谈话节目所需的资料，"几乎24小时，我在家翻箱倒柜，找相册、日记，任何有关我的录像资料，家里被我折腾得一团糟。"劳伦斯兴奋地回忆说，"在奥普拉脱口秀节目播出的当天，我就陆续接到订单，100个，200个，1000个，2000个……真的不敢想象，我从来没有期望会有这样的情形发生。"此后几个月的时间里，贾敏斯·劳伦斯的伊登公司收到的订单数量，如电子滚动屏上的数字一般越来越多。

劳伦斯说："我现在最热衷的就是把我自己在实验室研制成功的产品运出去，让更多的人意识到自然制品才是他们真正想要的。对所有负面的言论我会充耳不闻，我只朝着积极的方向看和前进。"

的确，事情就是朝着劳伦斯所预想的方向进展。劳伦斯的成功获得了越来越多的关注。这是很多成人创业者所梦寐以求的。

2007年4月18日，劳伦斯获得了美国国家创业教育基金会的所颁发的商业运作领域"2007年度企业家"奖——这是由美国国家创业教育基金会设立，旨在鼓励世界上所有国家年少杰出创业者的全球性奖项。当劳伦斯和来自墨西哥、爱尔兰、中国、印度、德国等几十个不同国家的创业者站在颁奖台上时，她说自己非常兴奋，因为不曾想到自己会成为这个非凡荣誉群体的一员。

颁奖大会的永恒主题词是"敢于梦想"，劳伦斯说："今晚所有的赢家都做到了这一点，他们敢于梦想并勇于把自己的梦想变成现实，他们很辛劳地工作，最终获得了成功，那种气氛、那种场合对我的鼓舞和震撼是无法言喻的，我知道我应该继续我所做的"。

两个月后，在守卫者2007年度女孩成功创业奖、少年企业家联合颁奖活动中，劳伦斯再获殊荣。这是女孩成功创业奖创立以来的第7年，专门奖励年龄在12到18岁之间的女孩企业家。劳伦斯从4000多名竞争者中脱颖而出，成为该奖项的本年度亚军，并获得了5000美元的奖励。

当然奖金对于很多成功的创业者来说是很微不足道的，但劳伦斯把这些奖金和奖项看做是成人社会对于自己的认可。尤其对于美国一个生活境况较为贫穷的黑人家庭，它的意义显得更为重大。

借力零售巨头

劳伦斯的创业始终都得到了家人的坚定支持。除了从母亲那里获得的种子基金外，父母和祖父母都承诺：同意在她18岁的时候给她信用贷款最高额度达20万美金的资助。当然对劳伦斯而言，这不仅仅是资金的支持，更是一种强大的信念支撑。

今天的美国，总计约有2600万人自己开公司，美国就业机会的增长大部分源于企业的增长。但是，有三分之一新开的公司由于经营不景气，在两年内就倒闭了，然而伊登这个15岁女孩经营的美体用品公司却一直保持着迅猛增长的势头。

2007年8月份，劳伦斯对外公布，经过长时间的谈判协商，公司与世界最大零售巨头沃尔玛的合作正式签约。

其实早在2006年末，刚成立不到一年的伊登美体用品有限公司就开始和沃尔玛洽谈。劳伦斯一方面通过其他方式拓展伊登产品的销售渠道和提高品牌影响力，一方面不断推进与沃尔玛的合作进程。

这场商业谈判耗时一年时间，最终15岁的劳伦斯说服了沃尔玛接受她自己研发的产品并展开切实的合作。到目前为止，伊登公司有10个沃尔玛销售点，分别分布在新泽西州和纽约市，其中在纽约市有三个销售点是在沃尔玛超级购物体验中心。

这位妙龄CEO表示，伊登公司在全美国沃尔玛的销售点很快将扩展到200个以上。借助零售巨头的庞大销售网络走向全美国，这意味着劳伦斯和她的伊登美体用品将迎来一个突破性的转折。

此外，伊登公司的产品还借助美国一家倡导绿色消费理念的全食超市的销售网络走向更广阔的市场。这些销售据点分别在美国的威斯康星州、内布拉斯加州、密歇根州、明尼苏达州、伊利诺伊州，共计23个。

在美国这个多文化交流融合的市场上，劳伦斯的纯天然头发洗护系列产品正受到越来越多的关注。从最初只为自需发展到今天销售点分布于全美8个州100多家秀发沙龙、美容品销售网点的规模，产品涵盖了香波、护发素、香体露、香皂等11种产品线，这期间只用了不到两年的时间。现在劳伦斯打算进一步扩大产品线，从秀发洗护系列扩大到整个美容系列，同时增加电子商务内容，进一步改善公司的销售体系。

劳伦斯不断研发新产品的同时还对产品的价格做了调整，不再实行单一的低价策略，而是逐步使产品的价格拉开档次。预计不远的将来，伊登产品系列将突破百万美元的营业额大关。

另一方面，劳伦斯也在为伊登产品的国际化战略进行积极的谋划。“我们正拟定伊登的国际化计划，这是伊登发展的必然。”劳伦斯说，“我的目标是让我的产品和品牌走向世界，我希望能够在全世界范围内鼓励自然健康的生活方式”。

15岁的劳伦斯，如此这般语出惊人。

有些事情应该亲力亲为
——奥莱利

雪佛龙(Chevron)首席执行官戴夫·奥莱利没能一下子记起自己所看过的最后一部电影。之后，他想起那部电影名叫《辛瑞纳》(Syriana)，是有关石油、政治和反恐战争的。谈及这部获得奥斯卡提名、风靡各大洲的电影时，他表示："我不得不去看看到底是什么内容。"但随后他莞尔一笑。他的妻子说道："没错，真实情况要有趣得多。"

以市值衡量，奥莱利执掌的这家综合油气公司排名全球同行第五位，按储量排名则位列第四。但是，现在的石油公司必须在深海之内、盐岩之下，或是在致密岩石和粗沙之中勘探新的油田，他们这个行业开展业务的难度已今非昔比。

这里不仅需要创新技术；在这样一个涉及如此大量投资，且项目运作时间动辄10年或更久的行业里，经济性往往是关键所在。

新发现的大油田常常位于委内瑞拉等政治敏感地区，而在这些地方开展业务则需要高超的外交手段。此外，由于能源价格高企令公众不堪重负，导致美国政府对石油公司近来取得的创纪录利润相当不满，因此，奥莱利没有时间看电影也就不难理解了。

那么，他如何在困难时期管理一家业务难度颇高的企业呢？他不仅在晨练的时候抽时间考虑业务，坐飞机旅行期间也在思考。他表示："坐在办公室里很难进行思考，因为总是有人来敲门。"此外，他还善于利用技术来保持联系。他表示："我有一台笔记本电脑。坦白说，我还有一个黑莓（BlackBerry，一种电子邮件设备——译者注）和一部手机。"

在他位于加州圣拉蒙的办公室里接受采访的时候，奥莱利表现得随意而和蔼，甚至还开起了玩笑。他交友广泛，这一点众所皆知，即便是在政治上最具挑战性的国家，他也能建立良好关系。他到处出差，喜欢在飞机上办公解决重大问题。"我喜欢去研究一些问题，例如，在我们开展业务的地方何为首要任务，如何在创造公司价值的同时完成这些首要任务。"他通过亲自参加重大谈判，得到这些问题的答案。他指出："这是做事成功的方式。我认为，有些事情应该亲力亲为。"

这就是他为什么能在去年击败中海油（CNOOC）成功购得优尼科（Unocal）的原因。这也是他在2000年做出他掌管雪佛龙以来最为重大的决定——促成雪佛龙与德士古（Texaco）合并的原因。此次合并总金额高达360亿美元，同年他即成为雪佛龙的董事长兼首席执行官。

奥莱利表示："如果我们想在全球范围内开展竞争，我认为我们不仅要有规模和广度，还要照顾到地域平衡。对此，我们的管理团队一致赞成。"

自1998年以来，雪佛龙动用的资本额已经增长近两倍，达到711亿美元，并已扩张到美国以外。1998年，这些资金中有62%用在北美，2005年则降至33%。雪佛龙的石油净产量从每日160万桶增至270万桶，北美产量所占份额则从44%降至29%。雪佛龙已重新调整其投资组合，在其核心区域墨西哥湾、西非、亚洲、委内瑞拉和里海等地成为重要参与者。

对于奥莱利来说，雪佛龙的国际化是理所当然的一步。现年59

岁的奥莱利出生于都柏林，在都柏林大学(University College,Dublin)获得化学工程学士学位，随后即加盟雪佛龙，担任工艺工程师。他表示：“我就是喜欢石油行业。这是一个技术、经济和地缘政治完美结合的行业。”

奥莱利读过“所有有关领导者的书籍”，但最后他决定：“你必须做你自己。”不过，管理者可以借鉴他人的意见；在大笔投资或业务新方向等问题上，他会听取战略委员会的讨论意见。首先，讨论某件事情是否与雪佛龙战略一致，之后再评估经济意义和风险。“但最终必须有一个人做出决定，这就是我的职责。”

奥莱利的父亲杰克(Jack)曾是都柏林一家大型百货商店的总经理。奥莱利认为，是他的父亲培养了他作为决策者的能力。他表示：“是他敦促我，让我确保自己在中学时代去做一些困难的事情，例如数学和科学，还有那些难度更大的事情。做这些事需要付出很大努力才行。”奥莱利的兄弟约翰(John)后来也成了一名首席执行官，掌管着爱尔兰博彩公司 (Paddy Power)。

怀着对父亲的回忆，奥莱利把敦促和鼓励雪佛龙的年轻员工视为其工作的一部分。在不出差的时候，他尽量每周与公司“未来的领导者们”一起进餐；他表示，前一天晚上的聚餐就有来自全球各地的20 名员工参加。

与这些人会面，能使他在强化雪佛龙的价值体系和优先战略的同时，了解员工的看法。“我认为，我最重要的职责之一就是维护公司的价值体系，”他翻开一本员工手册表示，“如果我用一句话来总结这本书，那就是：‘用合理的方式得到结果’。”

安然(Enron)破产之后，这种价值观被美国企业界大力宣扬，但奥莱利表示，雪佛龙的价值体系可以回溯到20 世纪20 年代，公司的发展本身就证明了这一价值体系的意义：“它能够确保公司长期取得成功。”

他决意继续坚持这一传统。

股市有风险，所以不允许失败
——沃伦·巴菲特

1997年，海南出版社的一本传记引起了不小的轰动，而最初，它在美国的首版也是轰动一时的新闻，因为作者是《华尔街日报》的资深财经记者罗杰·洛文斯坦，传主则是著名的世界富豪——沃伦·巴菲特，篇首是世界首富比尔·盖茨的一篇短文。盖茨是这样写的："他的笑话令人捧腹，他的饮食——一大堆汉堡和可乐——妙不可言。简而言之，我是个巴菲特迷。"事实上，巴菲特不仅让盖茨为之着迷，他几乎风靡了整个美国、整个世界。

他被喻为"当代（也许永远是）最成功的投资者"。这位喝着百事可乐却投资可口可乐的奥马哈乡下佬，举手投足都牵动着华尔街——他的健康状况甚至都会直接影响到股市行情的涨落。他就好像希腊神话中的迈达斯神，有点石成金术。人们对他的追随和关注，形成奇特的"巴菲特现象"。

天生的生意人

1930年8月30日，巴菲特出生于美国内华达州的奥马哈市，他出生的时候，正是美国金融危机爆发最严重的时候，巴菲特刚满周岁时，银行证券销售商父亲就失业了。贫穷的家境使巴菲特从小就对钱产生了极大的渴望。

还是小孩子时，巴菲特就对数字特别敏感，他对数字的喜好超过了一切。这种与生俱来的天赋，帮助他在进入投资领域后比别人更能精确计算投资的风险和回报。当然，他最感兴趣的还是金钱。5岁时，巴菲特在自家门前向路人兜售从祖父杂货店里批出来的口香糖和柠檬汁。6岁时，在与家人去郊外度假时，他用25美分买了6听可乐，然后在湖边以5美分一听的价格卖给游人。9岁时，他就知道通过收集瓶盖来了解哪一种品牌的软饮料生意最红火。稍大后，他带领小伙伴到球场捡大款用过的高尔夫球，然后转手倒卖，生意颇为红火。上中学时，除利用课余做报童外，他还与伙伴合伙将弹子球游戏机出租给理发店老板们，挣取外快。

1940年，10岁的巴菲特随父亲去了纽约。在这个世界金融中心，他被华尔街股票交易所的景象迷住了。一年后，这个少年第一次进行股票投资，以每股38美元的价格买进了一种公用事业股票，不久，这只股票的价格上升到了40美元，巴菲特将股票抛出。首次投资虽然赚得不多，但却给他带来了无比的喜悦。

1943年，巴菲特的父亲当选为国会议员，全家要迁到华盛顿。虽然华盛顿是个大都市，但巴菲特却异常留恋奥马哈，他想以出走的方式抗议，但最后还是听从了父亲的意见，因为华盛顿的机会更多。在这里，巴菲特成为《华盛顿邮报》的报童。这年，才13岁的巴菲特，煞有介事地登记了自己的收入，提交了纳税清单，并拒绝父母为他代交税款。

1947年，巴菲特进入宾夕法尼亚大学沃顿商学院攻读财务和商业管理。在巴菲特没有确定自己的投资体系之前，他和绝大部分投资者一样做技术分析、听内幕消息。这就是真实的巴菲特，他不是一生下来就是个投资天才。

如果巴菲特当时继续像其他人一样，研究走势图和打听内幕消息，现在或许已经破产。但是巴菲特从来就不是个盲从的人，他觉得教授们的空头理论不过瘾，两年后便不辞而别，辗转考入哥伦比亚大学金融系，成了著名投资专家、证券分析学之父本杰明·格雷厄姆的弟子。格雷厄姆是个不同寻常的人。他告诉巴菲特，投资者的注意力不要老是放在行情显示屏幕上，而应放到发行股票的公司那里。投资者应该了解的是公司的赢利、资产负债和未来前景，只有这样，才能发现或计算出一只股票的“真正价值”或“内在价值”。他告诫巴菲特对华尔街要当心，不要听信传闻。

富有天才的巴菲特很快成了格雷厄姆的得意门生。格雷厄姆“严禁损失”的投资哲学，更成为日后巴菲特奉行的最高规则。巴菲特进而将其概括为自己恪守的法则：第一条法则是不许失败。第二条法则是，永远记住第一条法则。

然而，以“A +”成绩毕业的巴菲特在找工作时，却多次碰壁。1956 年，他心灰意冷地回到家乡，决心自己一试身手。当时，他身无分文，但是巴菲特坚信，老师教的那些原则是他发财的钥匙。在一次聚会里，他宣布自己要在 30 岁以前成为百万富翁，“如果实现不了这个目标，就从奥马哈最高的建筑物上跳下去。”

投资之神

1956 年巴菲特建立了一个合伙公司“巴菲特有限公司”，亲朋好友凑了 10.5 万美元，其中有他的 100 美元。他正式开始了自己的职业投资生涯。

巴菲特并不跑出去听最新的消息，他只是呆在奥马哈的家中，埋头在资料堆里。他每天只做一项工作，就是寻找低于其内在价值的廉价小股票，然后将其买进，等待价格攀升。这正是格雷厄姆教给他的秘诀。这些远远低于其营运资本的股票果然为他带来了丰厚的利润，格雷厄姆的“点金术”百试百验。

他的巴菲特公司第一年就盈利50万美元。合作者们分享3/4的利润，巴菲特自己保留余下的25%。第二年的时候，巴菲特已经管理着5间小规模的公司，总资产有50万美元，但投资收益率高达10%。1958年回报率更高达41%，到1959年末，由巴菲特管理的资产已经比原来的合伙人的投资翻了一倍。

在1962年—1966年的5年中，公司的业绩高出了道·琼斯工业指数20～47个百分点，巴菲特合伙体投资回报较高的消息不胫而走，许多人找上门来，要求巴菲特管理他们的资产投资。到1966年，巴菲特管理的合伙资产已经超过了4400万美元。而巴菲特本人也在当年的《奥马哈先驱报》上获得“成功的投资业经营人”的名头。他实现了他的“百万富翁”狂言。

在别人的眼里，股市是个风险之地，但在巴菲特看来，股市没有风险。“我很重视确定性，如果你这样做了，风险因素对你就没有任何意义了。股市并不是不可捉摸的，人人都可以做一个理性的投资者。”他还说：“投资的决定可用六个字来概括，即‘简单、传统、容易’。”

巴菲特的眼光总是比别人更长远，更敏锐，1963年捷运公司的仓库遭受了巨额诈骗，损失了1.5亿美元，股票大幅度跌落，许多人纷纷抛售，但巴菲特在调查中发现，捷运卡在生活中依然广泛运用，它应该只是面临暂时的困难，于是他分批购买大量捷运公司的股票，最多时约占他的投资资金的40%。1965年，捷运公司开始走出低谷，1967年，股价飙升至每股180美元。巴菲特让所有的人大吃一惊，人们开始叫他“股神”。

这位华尔街的股神也曾有过“迟疑”的时候。那是在1969年，当时美国登月成功，整个美国都在沸腾之中，经济增长率出奇的高，股市极其繁荣。巴菲特合伙公司1968年获得了成立以来的最佳业绩：效益比前一年上升了59%。在一些大公司的推动下，市场出现了一波又一波的兼并浪潮。股价在不断提高。虽然，巴菲特声明不会预测市场的走势，但是，他在自己办公室的墙上贴满了1929年危机的剪报，来时时提醒自己。他预感到，太过看好的情势下面也许就是陷阱，股市狂升时，要学会冷静思考、避而远之。当时他已有2500万美元，但却选择隐退江湖，静观股市回落。

事实证明巴菲特的直觉多么准确！到1970年年初，美国股市开始踉踉跄跄，接着，华尔街的著名股票一个接一个猛跌。此时，巴菲特那种天生的猎人本能再次复苏，他投资生涯中更加耀眼的第二幕开始了。他建立起一种新的基金，取名为"伯克希尔·哈撒韦"，这是新英格兰一家老纺织公司的名字。当时，老公司早已荡然无存，没有一座工厂，没有一个工人，只留下一块招牌。后来，这家小企业在巴菲特手中成了最负盛名的控股公司，它是美国好几家大跨国公司的主要股东：可口可乐的8%，吉列的8.5%，美国运通的11%，迪斯尼的3%，《华盛顿邮报》的17%……到2000年年底，这些股份的总价值为372亿美元。

永远不败的人

巴菲特在股市辉煌的时候选择隐退，但在股市低落的时候又重拳出击。20世纪70年代初，美国股市一片萧条。巴菲特盯上了报刊业，因为他发现拥有一家名牌报刊，就好似拥有了一座收费桥梁，任何过客都必须留下买路钱。他从1973年开始悄悄买进《华盛顿邮报》的股票，这使报纸总裁凯瑟琳·格雷厄姆坐卧不安，不知是哪个人购买了如此多的股票。第二年，凯瑟琳终于见到了这个名叫巴菲特的陌生人，她请巴菲特手下留情，不要再买《华盛顿邮报》的股票。巴菲特答应了，但作为交换条件，他从《华盛顿邮报》董事会里得到一个位子，还和凯瑟琳成了好搭档。他的介入使《华盛顿邮报》利润大增，每年平均增长30%。10年后，巴菲特投入的1000万美元升值为2 亿美元。

1988年，巴菲特又认准了“可口可乐”，他开始购买这个著名品牌的股票。当时很多人都认为可口可乐的股票高估了，但巴菲特充满自信，他以市场前期最高价75%的价格买下它，在巴菲特买入可口可乐后的3年里，它的每股收入涨了64%，股价上涨3倍。他又赢了！

20世纪90年代，是公司大举收购迅速扩张的年代。在1997年至1999年里，公司出资273亿美元，并购了7间企业，涉及行业包括航空、快餐和家居装饰，其中1999年并购通用电器公司属下的再保险公司，动用资金达220亿美元，是巴菲特并购企业以来最大的一笔买卖。

巴菲特对两类股票不感兴趣，一类是公用事业股，理由是利润固定的行业从来不在他的投资范围之内。另一类是高科技公司股票。“我自己对这类公司捉摸不透。如果我不懂，我就不投资。”他解释道。

2004年4月的时候，所有对巴菲特的批评都急忙收场。这个月，美国股市大跌，纳斯达克指数下跌了近30%，而巴菲特在这个月中赚了5.7亿美元。

40多年来，无论经济繁荣与否，巴菲特持有的股票总体表现是出色的，它的平均收益率达到28.6%，从未出现过年度亏损。即使是在前几年亚洲金融风暴波及全球时，巴菲特仍然以其稳健的风格，成为全球投资者竞相仿效的楷模。

第二章　现代领导的成功秘诀

其实，只有每一位成员在管理者的感召下，都明确其工作职责及终极目的，发奋努力，形成合力，才有望将企业航船驶向成功的彼岸。实践证明，要在竞争激烈、内部情况复杂的环境中保持业绩持续增长，企业不但要有有魅力的领导者，合理的管理程序以及能够挖掘员工潜能的管理方法同样重要。

以人为本
——沃尔玛

在市场竞争日趋激烈的形势下，企业的生存与发展是企业上下都必须面对的现实问题，而企业能否生存与发展，说到底，关键在于能否在企业内部形成一股凝聚力，能否充分发挥员工的积极性和创造力。沃尔玛的人性化管理，让管理者与员工融为一体，共同为公司发展竭尽全力，这也是它成功的关键。

最近沃尔玛在中国因拒建工会而备受争议，有内部人士透露沃尔玛不建工会的理由是：沃尔玛在全球都没有组建工会的惯例，在中国也不例外。那么，没有工会，沃尔玛如何保障员工权益并让员工卖力工作呢？

精诚合作的团队精神是企业成功的重要保证。沃尔玛的企业文化崇尚“尊重个人”，不只强调尊重顾客，为顾客提供一流的服务，而且还强调尊重公司的每一个人。沃尔玛是全球最大的私人雇主，但公司不把员工当做“雇员”来看待，而是视为“合伙人”和“同事”。公司规定对下属一律称“同事”而不称“雇员”。即使是沃尔玛的创始人沃尔顿在称呼下属时，也是称呼“同事”。沃尔玛各级职员分工明确，但少有歧视现象。领导和员工及顾客之间呈倒金字塔的关系，顾客放在首位，员工居中，领导则置于底层。员工为顾客服务，领导则为员工服务。“接触顾客的是第一线的员工，而不是坐在办公室里的官僚”。员工作为直接与顾客接触的人，其工作质量至关重要。领导的工作就是给予员工足够的指导、关心和支援，以让员工更好地服务于顾客。在沃尔玛，所有员工包括总裁佩戴的工牌都注明“我们的同事创造非凡”，除了名字外，没有任何职务标注。公司内部没有上下级之分，下属对上司也直呼其名，营造了一种上下平等、随意亲切的气氛。这让员工意识到，自己和上司都是公司内平等而且重要的一员，只是分工不同而已，从而全心全意地投入工作，为公司也为自己谋求更大利益。

在沃尔玛，管理者必须以真诚的尊敬和亲切对待下属，不能靠恐吓和训斥来领导员工。创始人萨姆·沃尔顿认为，好的领导者要在待人和业务的所有方面都加入人的因素。如果通过制造恐怖来经营，那么员工就会感到紧张，有问题也不敢提出，结果只会使问题变得更坏；管理者必须了解员工的为人及其家庭，还有他们的困难和希望，尊重和赞赏他们，表现出对他们的关心，这样才能帮助他们成长和发展。萨姆·沃尔顿自己就是一个好表率。美国《华尔街日报》曾报导，沃尔顿有一次在凌晨两点半结束工作后，途经公司的一个发货中心时和一些刚从装卸码头上回来的工人聊了一会，事后他为工人改善了沐浴设施。员工们都深为感动。

沃尔玛对员工利益的关心有一套详细而具体的实施方案。公司将“员工是合伙人”这一概念具体化为三个互相补充的计划：利润分享计划、员工购股计划和损耗奖励计划。1971 年，沃尔玛开始实施第一个计划，保证每个在沃尔玛公司工作了一年以上，以及每年至少工作1000 个小时的员工都有资格分享公司利润。沃尔玛运用一个与利润增长相关的公式，把每个够格的员工的工资按一定百分比放入这个计划，员工离开公司时可以取走这个份额的现金或相应的股票。沃尔玛还让员工通过工资扣除的方式，以低于市值15% 的价格购买股票，现在，沃尔玛已有80% 以上的员工借助这两个计划拥有了沃尔玛公司的股票。另外，沃尔玛还对有效控制损耗的分店进行奖励，使得沃尔玛的损耗率降至零售业平均水平的一半。

门户开放是指在任何时间、地点，任何员工都可以口头或书面形式与管理人员乃至总裁进行沟通，提出自己的建议和关心的事情，包括投诉受到不公平的待遇，而不必担心受到报复。若他的上司本身即是问题的源头或员工对答复不满意，还可以向公司任何级别的管理层汇报。门户开放政策保证员工有机会表达他们的意见，对于可行的建议，公司会积极采纳并实施。任何管理层人员如有借门户开放政策实施打击、报复行为，都将受到相应的纪律处分甚至解雇。

沃尔玛与员工之间的沟通方式不拘一格，从一般面谈到公司股东会议乃至卫星系统都有。沃尔玛非常愿意让所有员工共同掌握公司的业务指标，每一件有关公司的事都可以公开。任何一个分店，都会公布该店的利润、进货、销售和减价的情况，并且不只是向经理及其助理们公布，而且向每个员工包括计时工和兼职雇员公布各种资讯，鼓励他们争取更好的成绩。沃尔玛认为员工们了解其业务的进展情况是让他们最大限度地干好其本职工作的重要途径，它使员工产生责任感和参与感，意识到自己的工作在公司的重要性，觉得自己得到了公司的尊重和信任，他们会因此努力争取更好的成绩。

沃尔玛给每一位应聘人员提供相等的就业机会，并为每位员工提供良好的工作环境、完善的薪酬福利计划和广阔的人生发展空间。在一般零售企业，没有数年以上工作经验的人很难提升为经理，而在沃尔玛，哪怕是新人经过6 个月的训练后，如果表现良好，具有管理好员工和商品销售的潜力，公司就会给予一试身手的机会，如做经理助理，或去协助开设新店等，若干得不错，就会有机会单独管理一间分店。事实上，沃尔玛的经理人员大都是产生于公司的管理培训计划，通过公司内部提拔起来的。沃尔玛还设立离职面谈制度，确保每一位离职员工离职前，有机会与公司管理层坦诚交流和沟通，从而能够了解到每一位同事离职的真实原因，有利于公司制订相应的人力资源挽留政策，一方面可以将员工流失率降低到最低程度，另一方面，也可让离职同事成为公司的一名顾客。公司设有专业人员负责员工关系工作，受理投诉，听取员工意见，为员工排忧解难。由于沃尔玛能够提供行业内相对优势的条件，所以人才流出也比较少。

在沃尔玛，员工的成长都伴随着相对应的培训。其中常用的培训方法之一就是交叉培训，让不同部门的员工交叉上岗，培训学习，获得更多的职业技能。让员工掌握多种技能具有不可低估的优势。当员工一人能做多种工作时，工作团队的灵活性和适应性就会大为提高。在有人度假、生病和任务突然变化时，他们可以轻而易举地代替工作。又如要到新的地方开店，让新招聘的员工来做开店前的准备，常会因经验不足而无法提高工作效率，而让老员工去支援，就可避免了这样的问题。

沃尔玛公司由于注重加强员工对于整体工作运行的普遍性认识，进行多技能培训，因而保持了员工工作的高质高效。众所周知，由于工作单调乏味，零售业成了人员流动最大的一种职业，适当的岗位轮换和职务调动，有助于消减等级分化，提高员工的工作积极性，也有利于不同部门的员工能够从不同角度考虑到其他部门的实际情况，减少公司的内耗，达到信息分享。譬如让采购部门的同事进入销售部门，销售部门的则到采购部门工作，既丰富其工作能力又强化其全局观念，从而减少公司的经营成本，为公司创造更多的利润。

2004年4月，《财富》杂志公布了全美公司500强最新排行榜，沃尔玛连续第三年雄踞榜首，沃尔玛同时位居2004年度世界50家最受尊敬公司排行榜第一名。此外，沃尔玛在全球多个国家被评为“最受赞赏的企业”和“最适合工作的企业”之一。沃尔玛没有工会，但在保障员工权益方面的确也有其可取之处。

爱才有道
——天正

天正集团董事长高天乐认为，“竞争力决定了企业在市场上的生命力，而企业内由人力构成的组织的能力（包括员工的能力、思维模式和智力结构等）如何，则从根本上决定了竞争能力。企业的核心竞争力源自素质高而强的优秀团队，如何引进人才、留住人才、发展人才。

从起步伊始的差异性战略，到后来的集团公司战略，天正集团靠“比别人好一点点，外表比别人平整一点”，运用资产重组的资本经营模式，走过了两个快速发展期。

1999年后，天正产品老化，企业发展后劲不足，原来的经营模式又遇到挑战，特别是原来管理层的队伍已经很难适应企业快速发展的需要。天正又提出来要学习，要建立学习型组织，通过学习来提高管理团队的管理能力，提高竞争能力，开始了天正的人才战略时期。

天正集团董事长高天乐认为，“竞争力决定了企业在市场上的生命力，而企业内由人力构成的组织的能力（包括员工的能力、思维模式和智力结构等）如何，则从根本上决定了竞争能力。企业的核心竞争力源自素质高而强的优秀团队，如何引进人才、留住人才、发展人才，培育生命力旺盛的团队与天正共发展，是天正面对的重大课题。”

近几年来，天正引进了一批既有良好教育背景，又有丰富实践经验的优秀人才。目前，天正集团拥有12位博士和40多位MBA组成的精英团队，他们来自中欧工商国际管理学院、清华大学、复旦大学、中国科技大学、河北工业大学等名校，分布在“天正”的总裁室、营销、信息、投资、海外事务、生产等部门，在“天正”的管理、营销岗位上正发挥着越来越重要的作用，成为天正寻求更大发展、实现“国际化”的中坚力量。

为解决人才“瓶颈”问题，天正集团对基层人员、中层管理人员、高层管理人员都要进行相应的培训，并对培训内容、培训方式、考核办法等都有明确的规定。

对于高层管理人员，天正采取走出去的学习方式。包括高天乐在内的三位高层参加了EMBA培训学习，另外还有6人在中欧和中国参加学习。对于中层干部，采取办班为主的学习方式。天正集团与复旦大学合作成立“天正标杆学院”，首批近50位学员走进工商管理高级研修班的课堂。对于基层人员的培训更加专业化。天正集团对技术、质量人员，开设了“电器进修班”等，请来名牌大学的专业教授轮流到公司授课；对于基层管理人员，主要通过中层干部对其指导培训；而对于普通员工，则从岗位技能、质量、工艺、安全文明、礼仪、团队协作、计算机知识等方面培训入手。

在天正决策层的14位成员中，现已有8位拥有硕士学位，另有6位目前正在中欧、复旦攻读EMBA。天正也正在筹划办一所自己的职工大学，对条件好的员工进行继续教育。把企业办成家庭，这是“共同成长”理念。天正希望公司成长过程当中，让更多的人当股东，这样就会吸引更多的人到这里来一起创业。天正有竞争机制，内部挑战也比较多，包括个人的绩效评估，排名及实行末位淘汰等。

鼓动内部
——摩托罗拉

我们都知道摩托罗拉，然而我们看到的是它的成功，却不知道成功背后还隐藏着令人称道的管理之道。提供福利待遇、建立公正评估、尊重个人人格、提供发展机会，到底有多少个企业掌握好了这些鼓励内部的管理艺术呢？摩托罗拉却把这些发挥得淋漓尽致。

提供福利待遇

公司在每年的薪资福利调整前，都对市场价格因素及相关的、有代表性企业的薪资福利状况进行比较调查，以便使公司在制订薪酬福利时，与其他企业相比能保持优势和具有竞争力。摩托罗拉员工享受政府规定的医疗、养老、失业等保障。在中国，为员工提供免费午餐、班车，并成为向员工提供住房的外资企业之一。

建立公正评估

摩托罗拉制定薪资报酬时遵循“论功行赏”原则，员工有机会通过不断提高业绩水平及对公司的贡献而获得加薪。摩托罗拉业绩报告表参照美国国家质量标准制定。员工根据报告表制订自己的目标。个人评估一个月一次，部门评估一年一次，根据业绩报告表的情况，公司年底决定员工的薪水涨幅及晋升情况。评估在一月份进行，每年选拔干部比较集中的时间是二三月份。

尊重个人人格

在摩托罗拉，人的尊严被定义为：实质性的工作；了解成功的条件；有充分的培训并能胜任工作；在公司有明确的个人前途；及时中肯的反馈；无偏见的工作环境。每个季度员工的直接主管会与其进行单独面谈，就以上6个方面或更广阔的范围进行探讨，谈话中发现的问题将通过正式渠道加以解决。此外，员工享有充分隐私权，员工的机密档案，包括病例、心理咨询记录等都与员工的一般档案分开保存。公司内部能接触到员工所有档案的仅限于“有必要知道”的有关人员。

员工可以通过参加“总经理座谈会”、业绩报告会、“大家庭”报、公司互联网页、“畅所欲言”或“我建议”等形式反映个人问题，进行投诉或提出合理化建议，进行直接沟通。

提供发展机会

摩托罗拉的经理级别为初级经理、部门经理、区域经理（总监）、副总裁（兼总监或总经理）、资深副总裁。中国公司的经理中，72%是中国员工，比5年前上升了60多个百分点。女经理人数已占到经理总数的23%。

该公司亚太总部还制定了一项新规定，规定女性管理者要达到所有管理者的40%。而且，今后在中层领导招聘中每三个面试者中至少要有一个女性。在现代社会中除极个别的行业外，绝大多数职位男女都可以胜任。在男女员工的使用上，摩托罗拉一视同仁。

在摩托罗拉，技术人员可以搞管理，管理人员也有做技术的，做技术的和做管理的在工资上具有可比性。

知识之力
——麦肯锡

知识管理是当前企业界的热门话题。据美国《商业周刊》的一项调查，在158家跨国公司中有80%的企业正在着手建立正规的知识管理程序。而麦肯锡公司被公认为知识管理领域的领路人。

麦肯锡把知识管理的重点放在了对隐性知识的发掘、传播和利用上。尽管公司内很多咨询专家在工作中发展起来的许多富有创造的见解和思想都已成文，并发表于诸如《哈佛商业评论》等影响广泛的学术性报刊上，甚至还有一些畅销著作出版，如麦肯锡公司负责企业组织发展的专家Peters和Waterman的合著《追求卓越》；负责战略管理发展的专家Ohmae的《战略家的思想》等，在学术界和实务界均受到极大的欢迎，但是，相对于公司内大量有价值的经验和深邃的学术思想而言，这些已成文流传的论文不过是“冰山的一角”。更多的知识和经验是作为隐性知识存在于专家们的头脑中，没有被整理成文，更谈不上在公司范围内交流与共享。

为了解决这个问题，麦肯锡创办了一份内部刊物，专门供那些拥有宝贵经验却又没有时间和精力把这些经验整理写成正式论文或著作的专家们，把他们的思想火花简单地概括出来，并与同仁共享。这种不拘形式的做法降低了知识交流和传播的门槛，使许多重要实用的新思想和新经验能够在短短一两页的摘要里面保存下来，并用于传播。在每一篇这样的短文后面，都附有关于作者的详细信息，便于有兴趣的读者按图索骥，找到可以请教的专家。这种灵活的交流方式不仅使有益的知识和经验在公司内得到有效的传播，激励创新和坦诚的交流，而且也有助于提高知识提供者的个人声誉，为他们在公司里的发展提供良好的环境和机会。这种自由选择的方法还有助于甄选真正富有价值的点子和思想。

为了使上述信息在公司内更加有效地交流和传播，麦肯锡公司还建立了一个储备经验和知识的专门数据库，用以保存在为客户工作过程中积累起来的各种信息资源，还委派全职的专业信息管理技术人员对数据库进行维护，确保库中数据的更新；当咨询专家需要从数据库中寻找信息时，由他们提供相应的检索帮助，提高使用效率。在数据库的内容管理方面，特别重视公司“T”型专家队伍结构中负责专业领域的专才型专家，从他们那里可获取有关专业领域的知识和经验，加强数据库中专用知识的完善，使数据库成为更为全面的信息资源。经过数月的努力，这个数据库搜集了2000多份文件，为这个名为“麦肯锡实践发展网络”(PDNet)的数据库的正式运行提供了充足的资料储备。

放权激励
——安踏的CEO

安，安心创业；踏，踏实做人。

在福建晋江，前跨国公司高管最集中的地方，可能就是安踏公司总部。安踏60%的总监或副总监都来自像沃尔玛、宝洁这样的跨国公司。

安踏无疑也是跨国机构人员经常可以碰头的地方。丁志忠聘用智威汤逊为其做广告策划，聘用科尔尼为其做战略咨询，聘用摩根斯坦利为其做上市承销服务……给予充分的授权，让专业的人做专业的事，是丁志忠现在极力主张的。

在与汤姆斯接触过程中，丁志忠与时任汤姆斯中国首席代表的朱正中结识。朱正中是美籍华人，曾任可口可乐中国区副总裁，并且是摩根斯坦利专家顾问团成员，对摩根斯坦利投资蒙牛、南孚等企业均提供过管理上的建议。不久，朱被丁志忠委任为安踏战略顾问。

在朱正中的引荐下，摩根斯坦利2003年曾与丁志忠接触，有意注资给安踏。但当时的丁志忠认为安踏暂时不需要钱。

2004年以前，丁志忠并不是一个舍得放权的人。但现在，丁已经把放权作为公司的一项制度进行建设。“放权和激励，是王良星最显著的管理特点，丁志忠的这一思想，直接来自于王良星的影响。”

王良星是丁志忠从小玩到大的伙伴。在丁志忠并不广泛的交友圈里，王良星是丁最铁的知己。王良星创办的利郎也是休闲服装业的一只劲旅。

从两年前开始，安踏每个事业部的总监均获得授权，不必事事向丁志忠请示汇报。

丁志忠的确没有让授权之事沦为空谈。一位公司业务主管来到他的办公室，向他汇报一个情况：由于给美国客户配送的一批运动鞋发生了号码错误，对方索赔3 万美元。这位主管问丁志忠该怎么办。丁说：“你不要问我该怎么办！你自己来决定该不该赔，并且查出谁应该为这起错误负责。”这位主管只好退出丁志忠的办公室。

有了授权和责任机制后，丁志忠不怕犯错。有一次安踏承诺给经销商的一批货物没有按时交付。虽然对方没有要求赔偿，但丁志忠知道后主动提出赔偿300 万。“赔偿金是公司埋单的。相关责任人受到了批评。这以后，再也没有出现类似的错误。因为动真格的赔偿过，他们就知道，这种错误不能再犯。”丁志忠说。

推崇新管理方式后，丁志忠也将自己从公司事务中解放了出来，据说现在他在公司每天只签署不到5 份文件，每个月只参加3 个内部会议。他将大量时间用于吸收有效信息，与公司员工进行交流，并且清醒地思考公司的战略问题。

团队精神
——史玉柱的团队

今天，这位自诩为“著名的失败者”的成功者似乎已经洗心革面，他说：“独裁专断是不会了，现在不管有什么不同想法，我都会充分尊重手下人的意见。”

论及团队管理，众企业家都有他们各自独到的见解。其中巨人史玉柱的团队管理方式在管理界堪称一绝。

外界常常用“沉浮”“动荡”来形容对史玉柱团队的印象，但谁也不能否认其“嫡系”十分稳固。陈国、费拥军、刘伟和程晨被称为史玉柱的“四个火枪手”，史玉柱在二次创业初期，身边人很长一段时间没领到一分钱工资，但这四人始终不离不弃，一直追随左右。

按刘伟的介绍，尽管经历了巨人公司数年的停业，但脑白金分公司的经理有一半都是最初跟随史玉柱起家的人马，这些人在脑白金已工作六七年，而脑白金和征途的多数副总更是早在1992至1994年期间便是巨人公司的员工。

人们的疑惑在于，史玉柱，这位出生于技术而又近乎偏执的独裁者，何以在“巨人”倒下之时，整个团队二十余人几乎都没有离开他，却追随他蛰伏了数年而后东山再起？从最早的计算机产品到保健品，再到现在的网游，几乎是同一帮人马在策划运作。究竟是什么原因，使这批人才聚集在这个鬼才身边？

作为史玉柱“新嫡系”的征途项目负责人纪学锋，是史玉柱成立征途公司时挖来的第一批网游骨干之一，对此他的看法是：“公司各方面都很开明公平，只要有实力，就会有机会。在管理上不会拘泥于太多的规则，大家做事的时候拼命做，小事则不拘泥于细节，整个过程能够让人实现个人价值。”巨人大厦失败后，对于怎样维系团队的奋斗向上、保证企业的向前发展，史玉柱的做法是：不定目标，缜密论证，步步推进，一咬到底。这一习惯，贯穿着征途两年多的发展轨迹。

脑白金2001年销量突破了13亿，史玉柱随即授权大学时睡在他上铺、时任上海健特总经理的陈国打理日常事务。翌年，陈国发生车祸。据知情人士透露，当时史玉柱正在兰州开会，撂下电话后连夜飞回上海，赶到医院时陈国已奄奄一息。和巨人的倒下相比，这件事对于史玉柱的打击同样巨大，公司把所有业务全都停掉专门处理陈国的后事。史玉柱在后来回忆时表示，那是一种“断臂之痛”。从此，史玉柱对车要求很高，“坐SUV为主，另外加了一条规定，干部离开上海禁止自己驾车”，他和公司高层每年清明都要去给陈国扫墓。

史玉柱没有在陈国去世后重新接管脑白金，而是将担子交给了文秘出身的刘伟。“刘伟做上海健特副总，她分管那一块，花钱就是比别人少很多。”史玉柱说，“跟了我十几年，没在经济上犯过一回错，我自然非常相信她。”刘伟表示，自己虽然能叫出这三百多个县、市、省办事处经理的名字，但具体管理还需要史玉柱提供思想和方法。

早期，珠海巨人的时候，史玉柱实行的是军事化管理，后来他渐渐明白：“大多数员工的使命是打工挣钱，养家糊口。虽然军人有对国家和民族的义务，但员工没有对老板效忠的义务。”他有时甚至使用着极端的管理方式，比如脑白金战役时，员工们疯狂地工作、疯狂地加班，史玉柱经常会在员工加班的时候动不动就发上几千元的奖金，让人惊喜不已。

史玉柱力求让每一个员工明白，评价做事的成果“最终凭的是功劳而不是苦劳”。公司只有一个考核标准，就是量化的结果。正是以结果论英雄，他才锻就了一个强有力的队伍。不过，如何在保证结果的同时，保证管理的人性，史玉柱的一个管理思路就是：制度无情，人有情。“老板是刀子嘴豆腐心，骂人归骂人，不会夹杂其他。并且，老板做错了也会自我检讨。”

他用人的一个原则是“坚决不用空降兵，只提拔内部系统培养的人”。他认定的理由是，内部人员毕竟对企业文化的理解和传承更到位，并且执行力相对更有保障。对于一个商业模式定型、管理到位的企业来说，执行的保障比创造的超越更为重要。从这个方面来讲，史玉柱是个典型且极端的实用主义者。

在中国，以亲情文化和家长式管理为纲的企业并不在少数。家长式或长官式管理的另一种表现形式就是独裁性领导。在检讨巨人集团失败的教训时，史玉柱曾表示，原来公司董事会是个空壳，决策就是由自己一人说了算，认识到了“决策权过度集中危险很大”。

精益求精
——丰田

管理无秘密，德鲁克这样告诉我们。丰田之道也没秘密，它之所以现在强大，并且还将继续强大，核心动力就在于“趋于至善”精神——不断地改善、不断地进步、不断地趋近完美，每一天、每一月、每一年都向极致靠拢，涓涓细流终会汇成大海。

2008年8月1日，美国专业调查机构——汽车数据公司公布的统计数据显示，丰田汽车公司2008年上半年的全球销量为481.794万辆，超过通用汽车成为全球第一大汽车制造商，而丰田的利润甚至超过了通用与福特、戴克三大公司的总和。

而在中国，中国汽车工业协会统计数据显示，2007年，中国汽车产量为888.24万辆，销量879.15万辆。而丰田汽车2007财年共销售汽车891.3万余辆。丰田一家超过全中国汽车企业的销量总和。

丰田在全球雄踞第一，中国市场的贡献功不可没。2008年上半年丰田在中国共销售新车28.5万辆，同比增长34%，远远高于行业的平均增长水平，在跨国公司中增幅最高。其中广州丰田仅凭凯美瑞一款车销量就接近9万辆，上市两年累计销售突破30万辆。高端品牌雷克萨斯进口车的销量也接近2万辆，都创下历史新高。

一个丰田的时代正在到来。无论是在全球还是在中国，丰田的高歌猛进让整个企业界都受到了震动：究竟是什么样的企业运营之道使得丰田在短短几十年时间突飞猛进？中国什么时候才能拥有如丰田一样可以雄踞全球的世界级企业？

作为丰田在中国的重要合资公司，广州丰田成立于2004年9月1日，由广汽集团与日本丰田汽车公司各出资50%组建，注册资本13亿元人民币。丰田全球最畅销的车型Camry于2006年5月23日在广州丰田实现国产化下线。

广州丰田的整个运营思想延续贯穿丰田全球运用的“丰田生产模式”(简称TPS)。作为一种卓越的生产流程管理，丰田生产模式精髓有两方面：一是采用不使次品流入到下一个流程的系统，各个流程均保证产品质量，从而保证得到高品质的产品。二是通过不断改善(排除不必要的程序)，以降低产品成本，确保产品拥有一个顾客满意的价格——即相比于对手拥有更具竞争性的价格优势。

为了实现产品品质的优化，丰田赋予每一个生产员工的重大责任和权力，任何一名生产线上的员工无论职位高低，只要发现有一个零件没有正确安装或有异常，他就可以拉动“安东”——生产线停止拉绳，中止生产。安东一拉，整条生产线上的某一部分就会停止下来，直到问题被解决为止。对于庞大的流水式生产线，任何一次的停顿都会造成不小的损失，但这可以防止任何次品流入下一道工序，从源头上杜绝任何细小的失误。

为了实现产品价值的最大化，丰田以“Justintime”为宗旨的“精益生产”指导整个生产制造，以整合供应链体系做到零库存、准时化生产，以生产流程管理来保证产成品质量，做到了消除所有生产环节上的各种浪费，来缩短高品质产品从生产到客户手中的时间，最终实现全公司的低成本生产、销售和经营。

大道至简。丰田之道的核心有一个关键词——“精益”，其简单而深刻的含义就是不断改进、不断进步、精益求精。正是这种平淡无奇但又具有长远发展指导意义的策略思想，使得每一个丰田人都在自己岗位上思考如何改进自己的工作，每天改善一点，每一次改进一小部分，最终汇总出来的结果却异常惊人。

在降低成本方面，精益改善思想更是运用到无处不在，大至原材料采购，小至一个电瓶车的摆放位置，丰田生产方式对于成本细致入微的掌控，有时候令人咋舌。

在广州丰田的洗手间，洗手池上方的纸巾盒旁贴有一张纸，纸上详细地写明，按照每张纸巾0.03元计算，如果不使用纸巾，一年将节省多少钱，从而每年又将节省多少木材。通过这种细小的提醒，让所有的管理者、普通员工都牢牢树立强烈的成本意识，让他们明白，巨大的竞争优势其实来源于细小的成本节约。

丰田提出来“要生产有需求的商品”。在当今汽车制造行业中，这是非常具有革命性的一个改革和口号。

很多汽车企业的生产目的是以生产企业下达的计划作为市场和目标，是围绕企业来组织生产活动的，而丰田的生产目的却以满足客户、市场需求来进行生产活动的。企业只生产有市场需求的“商品”而不是规划中的产品，这种观念上的差异，导致了巨大的销售差别。

从企业价值观来说，产品是“具有一定功能的成品”，而商品是“具有一定功能的，并有客户和市场需求的产品”，所以造成了本质的不同：到底是为了生产而生产，还是为了需求而生产，这是截然不同的。

广州丰田生产的凯美瑞在上市两年时间中，不仅多次取得中国中高级车的销售冠军，更是实现两年总销售量突破30万辆的骄人业绩。而凯美瑞能够取得这些成绩，既是丰田“精益求精”制造精神的充分体现，更是“要生产有需求的商品”这种策略指导的成功体现。

在凯美瑞到来之前，中国的中高级车市场竞争已经非常激烈。

丰田的决策者们深知，要在中国中高级车市场上取胜，就必须从当前产品竞争的“红海”中跳出来，以独特的综合优势开辟新的“蓝海”——其中关键点之一就是使凯美瑞成为一款“有市场需求的商品”，而不是为生产而生产的产品。

要做到这一点，丰田对中国消费者以及中国市场做了大量详细的调查研究，根据调查的结论，丰田针对性地从性能、外观、品质等多个方面对凯美瑞进行设计，以确保凯美瑞具有广泛的市场需求。

一提到丰田Toyota就会想到什么?这是丰田管理者一直在思考的问题，而他们最希望听到的答案是：顾客满意度第一，而不是什么产品销售量第一。

在丰田看来，产品销售只是顾客满意度的自然结果。没有满意的经销商，就没有满意的顾客；没有赢利的经销商，也没有满意的顾客。所以，保证经销商快速回报并持久赢利，是企业赢利和让顾客满意的前提。

丰田之道（TOYOTA WAY）的核心理念是“不断改善，尊重人性”。丰田根据这个核心理念将其发展成“以尊重凝聚力量”的服务体系指导方针：尊重每一个人，在强调纪律和原则的同时，本着以人为本的信念，以诚信缔结真情，以诚信对待每一个人，激发每一个人贡献出最大的能量。

为了打造顾客的满意度标杆，广州丰田设立了e-CRB（智能化渐进改善的顾客关系构筑系统）系统，为客户提供售前、售中、售后全程贴心服务。

e-CRB系统是丰田全球领先的销售和服务系统。e-CRB系统能够为顾客营造出色的销售服务体验。从顾客踏进TOYOTA销售店的第一步起，e-CRB就开始全方位地为顾客提供全面服务。售前，导购人员会一对一的进行服务；售中，从新车出库、整备到交车的进度是完全透明的，可以让顾客舒适、方便地了解到整个过程；售后，完善的电子档案可以及时提醒顾客进行保养、维护等工作。

这个系统的特殊性是在与客户沟通方面，除了采用传统的电话和信件手段之外，还在互联网上开设了车主专用网页，搭建了一个与车主进行双向沟通的新平台。通过这个平台，用户可以将自己的消费体验第一时间与厂家服务部门进行双向沟通，提高了沟通的及时性和准确性。

丰田的企业优势不是单独存在于某一方面的，而是深深植根于丰田文化当中。在打造顾客满意度标杆上，丰田同样是从企业文化的底蕴上来打造服务的理念、构建服务的方式。竞争对手只是用一家企业之力来为顾客服务，而丰田却能举一个庞大的产业服务体系与服务文化来为每一名客户服务，从每一个细节上、每一次接触上，都让客户感受到丰田“顾客至上”文化精神，这或许就是丰田真正可怕的地方。

丰田的企业价值观手册上，丰田将其价值观分解为五个方面：卓越品质、超越期待的价值、拥有汽车的喜悦、创新性以及诚奉社会，这五个方面汇聚融合成丰田的最高价值理念——Always Optimizing（永恒和谐）。

沿着这个价值观指引，丰田走过漫长的几十年，经历过无数的竞争、挫折、困境，最终还是走上产业的顶峰。如果把丰田的生产制造能力比喻成“柴”，那么丰田的价值观则是驱动企业前进的“火”，两者在不断融合、碰撞、交会之中，煮沸了丰田这锅百年老汤。

面对着不断强大的丰田，《哈佛商业评论》如此评论：丰田最可怕的是一种原则的力量，一种追求极致的思维，而不是生产工具与方法而已。

可以说，丰田真正可怕的地方就在于它有着向极致企业挑战的改革基因——不断改进、不断求精。在过去的几十年中，丰田正是循着这种策略思维不断前进，不断提升不断强大，最终成就今日丰田之全球大业。

显然，丰田对于卓越追求的极致原则是受益于日本民族的国民性，他们对细节的追求、对成本的控制无与伦比，最终造就了一个强大无比的企业。

相比于丰田，中国企业在许多方面同样拥有优势：我们拥有庞大的内需市场、我们有政府的无私支持、我们也有优秀的人才及科研体系支持，但为什么中国市场就无法出现一家如丰田一样的世界级企业？

讲求时效
——三星电子

在局外人看来，尹钟龙制造商业传奇的做法似乎只是一则令人称道的管理故事，比如“生鱼片理论”，但在三星内部人看来，则是三星从三流品牌发展为一流品牌经历多年厮杀所形成的独门经验。这个秘诀的核心在于，尹钟龙深信生于忧患的三星电子要想避免死于安乐，一定要在保持高度危机意识的同时，实行“速度经营”，快速飞奔。

现年62岁的尹钟龙非常推崇拿破仑，拿破仑曾经说过：“做决定的能力最难获得，因此也最宝贵。”拿破仑一生做了很多重大决策，有的决策使他戴上皇冠，有的决策却让他被流放到厄尔巴岛上。尹钟龙到底向拿破仑学到了什么？

尹钟龙有一个广为人知的“生鱼片理论”。其意思是说，当你第一天抓到高档鱼，在一流的日本餐馆里能卖个好价钱。如果等到第二天再卖，就只能以一半的价格卖给二流餐馆。到第三天，你就只能卖到四分之一的价格，如此以往，就变成了“干鱼片”。因此，在把热销产品推入市场之前，就要先将产品变成“生鱼片”，这样才能售上高价。

但是，很多人误读了其中的真正含义，只是把它当做领先一步的另一种说法。在尹钟龙的眼里，“速度经营”不只是领先一步那么简单，而代表着一种新的游戏规则。在一次接受《Business2.0》采访时，尹钟龙表示，“在数字时代，你可以无限地扩张产品线”，但关键是如何在体积变大的同时，保持敏捷的身手。“在模拟的时代，知识和技术的积累以及勤勉才是制胜之道；而在数字时代，最重要的是创新和速度”。

在执行层面，基于战略的“速度经营”被细化为营销策略的“四先原则”，即：发现先机；率先获得技术标准；产品抢先投放市场；在全球市场占据领先地位。

最为关键的是，尹钟龙希望所有管理人员把这种速度转化为更高的商业利润和更低的生产成本。在数字时代，产品的生命周期也随之缩短，三星在实行速度经营战略的过程中，内部结构也做出了相应的调整。“仅仅加快技术研发的步伐是不够的，必须同时在产品开发和供应链方面提速。为此，三星提出了一个‘价值创新’的计划，目的是从一开始就能通盘协调产品开发、生产设计和市场投放等各环节，这将有助于全面实行速度经营。”尹钟龙介绍道。

除了加快内部流程，三星极其强调零库存。三星在减少库存方面也做出了很大的努力，为加快营销与生产的衔接，三星开发出了供应链管理系统（SCM），同时配合进行了客户管理系统（CRM）、企业资源管理系统（ERP）及产品信息系统（PDM）等的建设。三星的平均库存时间从1997年的八周降低到2002年的三周。

三星的“速度经营”还有一个秘密武器——制造环节的“黑匣子”。从一个梦幻的概念产品，到迅速批量上市的尖端产品，中间必须有同样先进的生产系统作为支撑。三星为在生产制造环节部署了一个“黑匣子”，里面藏有其生产技术和流程中的秘籍。

这个“黑匣子”就是由三星电子的执行副总裁JiOh Song统帅的三星机电制造中心，其作用是为三星的半导体、手机和其他电子产品的生产提供先进的整体解决方案。为迎接必然到来的无人操作生产时代，三星机电中心在工厂设计、组装、检测和智能机器人等核心技术上花了大量工夫，目的是要为三星建立起客户导向的生产流程和价值导向的生产管理模式。

“如果脱离制造环节，我们必输无疑，”Song说，先进的制造技术“催生了极大的生产力”，同时为公司塑造了长远的竞争优势。根据制造生产状况合理地配置研发活动“对于迅速抢占市场先机是非常重要的”。

这也并不意味着三星将因此而放弃外包，或在外包过程中丢失制造环节原有的优势。JiOh Song在一次演讲中指出，重视制造过程的公司往往能获得成功，并且在各自的行业中占据主导地位，而且，“没有人能复制他们的模式”。在制造环节，三星把自己定位为“制造方案供应商”，在其各条产品线上，三星执行的是以数字化为中心，定制生产设备以及开发独特产品技术的策略。

强调“速度经营”的三星，却有着等级森严、纷繁复杂的组织架构，从部长、次长、课长、常务、专务到会长、社长等，有十几个层级，这两者自相矛盾吗？

三星以独特的亚洲模式解决了这一矛盾。2006年，韩国延世大学的Kee Young Kim和韩国管理科学院的Seongjae Yu两位教授发表了一份关于韩国企业竞争力的报告，其中指出，三星的管理之道是日式和美式管理方法的结合，既有日本公司人员划一、忠诚度高和流程优化的特点，也融合了CEO战略规划能力强、决策组织化和迅速决策的美式风格。因此，尽管三星像大多数韩国企业一样仍然由财阀控制，但是其决策的流程，尤其是在面临风险时的决策速度要高于韩国国内甚至国外的大多数同行。三星电子制造一座新的半导体工厂通常只需要18个月，而一个日本企业用的时间却往往要36个月。

经营策略
——耐克

耐克公司的成功固然有多个方面，但其最显著的特点是其成功的经营策略，表现在以下两个方面：第一，虚拟经营。因市场需求的类型繁多，许多品种型号特殊而需求量较小，如果均由自己生产，耐克公司的生产成本必然上升，而耐克公司则把精力主要放在设计上，具体生产则承包给劳动力成本低廉的国家和地区的厂家，以此降低生产成本，清除一般企业都可能碰到的经济障碍。第二，模仿策略。许多人认为确定经营策略是一件十分不容易的事，而且极冒风险。而耐克公司则在许多方面模仿阿迪达斯公司成功的经营策略，因而稳健，成功概率高。这种策略对许多企业都有借鉴意义。

耐克公司在20世纪70年代面临极为有利的初始需求。耐克公司利用了这种有利条件。其实，大多数跑鞋制造商在这些年间都获得了可观的收入。但耐克公司的成功远非仅仅由于简单地依赖有利的初始需求。耐克公司击败了所有对手，包括到当时占统治地位的阿迪达斯公司。耐克公司的成功，揭开了阿迪达斯公司、彪马公司和泰格尔公司等这些外国制造商长盛不衰的神秘性。通过充分发挥潜力，耐克公司生产出比阿迪达斯公司种类更多的产品，开创了鞋型千姿百态的先河。生产范围太宽也许会出现许多麻烦，也可能由于生产范围过大而损害生产效率，从而使成本大大增加。许多人善意地建议公司缩小生产范围，砍掉那些不过硬的产品，集中人力物力和注意力，争取在竞争中获胜。在这里我们可以看到耐克公司并未采取这种对策，然而它却成为20世纪70年代最成功的公司之一，很显然，它的经营策略与阿迪达斯不同。

什么是具有战略意义的产品组合呢？虽然耐克公司也许违背了某些产品组合观念，然而让我们看看它是怎样违背和以什么为代价的。通过提供风格各异、价格不同和多种用途的产品，耐克公司吸引了各种各样的跑步者，使他们感到耐克公司是提供品种最全的跑鞋制造商。数百万各式各样、各种能力的跑步者都有这种观念，这在一个飞速发展的行业里，是一个很吸引人的形象。而且，在急速膨胀的市场上，耐克公司发现它能以其种类繁多的产品开拓最宽广的高层。它可以把鞋卖给变通零售商，例如，百货商店和鞋店，也可以继续与特种跑鞋店做生意。甚至由于公司能供应各种型号和样式的鞋——不同类型的零售店可得到同样式的鞋，这便各得其所，其乐融融，因此，该公司是唯一能适当关照销售某些耐克鞋的廉价商店的公司。型号繁多、每种产品生产量小，一般会使生产成本增加。但对耐克公司来说，这也许不是一个大问题。生产鞋的大部分任务承包出去了——约85％承包给国外的工厂，大多数是远东地区的工厂。由于许多外国工厂按照合同生产部分产品，因而，各种产品生产量小对耐克公司来说是一个无足轻重的经济障碍。很早以前，耐克公司就开始重视研究开发和技术革新工作，公司致力于寻求更轻、更软的跑鞋，并使之既对穿用者有保持性，也给运动员——世界级运动员或业余爱好者——提供跑鞋工艺所能制作的最先进产品。耐克公司重视研究和开发新产品，突出地表现在它雇用了将近100名研究人员，专门从事研究工作，其中许多人具有生物力学、实验生理学、工程技术、工业设计学、化学和各种相关领域的学位。公司还聘请了研究委员会和顾客委员会，其中有教练员、运动员、设备经营人、足病医生和整形大夫，他们定期审核各种设计方案、材料和改进运动鞋的设想。其具体活动有对运动中的人体进行高速摄影分析、运动员踏车的情况分析、有计划地让300多运动员进行耐克实验，以开发新型跑鞋和改进原有跑鞋和材料。1980年用于产品研究、开发和试验方面的费用约为250万美元，1981年的预算将近400万美元。对于鞋子这样非常普通的物品，进行如此重大的研究和开发工作，可谓是空前绝后了。

在经营策略上，耐克公司没有多少标新立异，在很多方面它还是沿袭了阿迪达斯公司几十年前树立起来的制鞋业公认的成功市场策略。这些策略主要是：集中力量试验和开发更好的跑鞋；为吸引鞋市上各方面的消费者而扩大生产线；发明出印在全部产品上的、可被立刻辨认出来的明显标志；利用著名运动员和重大体育比赛展示产品的使用情况。甚至把大部分生产任务承包给成本低的国外加工厂，也不单是耐克公司一家这样做的。但耐克公司运用这些早已被证明行之有效的经营技巧可谓得心应手，比它的任何对手，甚至阿迪达斯公司运用得更好和更有攻势。

耐克公司获得成功，主要不是由于它对销售工作进行了革新研究，或由于它发现了任何人都没看到的销售机会，抑或比那些运气不佳的对手在推销和广告宣传方面投入了更多的资金。耐克公司成功的关键因素是卓有成效的仿效。当然，仿效必须审慎而行。被仿效的市场战略应当是最行之有效的、在历史上取得重大成就的战略。就跑鞋市场来说，长期以来阿迪达斯公司所施行的市场战略，是生产型号多样的鞋、在重大体育竞赛中让运动员穿用带有公司标志的产品、不断使产品更新换代——这几乎是不能更改的市场战略，所有跑鞋制造商都遵循这同一战略——只是耐克公司做得更好一些罢了。

一个公司在仿效上所要下的工夫是发展自己的个性。仿效并不意味着制造与别人完全相同的产品。只有那些成功的决策、标准和行为才是真正应该仿效的。此外，必须充分发展自己与众不同的个性特征和标记并建立善于抓住各种新机会的组织机构和管理部门。

最后，我们可以看到所谓市场优势和在市场上占据第一位是多么脆弱。任何公司，不论在市场是否占据领先地位，都不能依赖它的名声而无视发展变化着的外部环境和强大对手的攻势。阿迪达斯公司曾在制鞋业居于领先地位，正像国际商用公司在计算机行业中的地位一样。但阿迪达斯公司放松了警惕，从而在关键时刻攻势变弱了。

竞赛时跑在前面的人很容易自满自大，在这里我们所看到的情况就表明了这一点。在市场需求急剧增长时，公司却刀枪入库，马放南山，放松了警惕。

这期间，这位制鞋业领先者的销售额迅速上升，这使自满自足情绪油然而生。但这种迅速增长的销售额可能掩盖着营销下降的趋势，竞争者正在侵吞这个占统治地位公司的利益，获取重大收益。最终，优势转到一个或更多的现时强大的竞争者手中。先前占统治地位的那家公司也许再不能东山再起、重新占据领先地位了。一个公司的成功也许是另一个公司的错误造成的——与其说是被别人代替不如说是自己失职——没有采取或至少直到很晚才采取必需的行动。

善于培训
——海尔集团

“下级素质低不是你的责任，但不能提高下级的素质就是你的责任！”

海尔集团培训工作的原则是“干什么学什么，缺什么补什么，急用先学，立竿见影”。在此前提下首先是价值观的培训，“什么是对的，什么是错的，什么该干，什么不该干”，这是每个员工在工作中必须首先明确的内容，这就是企业文化的内容。对于企业文化的培训，除了通过海尔的新闻机构《海尔人》进行大力宣传以及通过上下灌输、上级的表率作用之外，重要的是由员工互动培训。目前海尔在员工文化培训方面进行了丰富多彩的、形式多样的培训及文化氛围建设，如通过员工的“画与话”、灯谜、文艺表演、找案例等用员工自己的画、话、人物、案例来诠释海尔理念，从而达成理念上的共识。

对于集团内各级管理人员，培训下级是其职责范围内必须的项目，这就要求每位领导亦即上到集团总裁、下到班组长都必须为提高部下素质而搭建培训平台、提供培训资源，并按期对部下进行培训。特别是集团中高层人员，必须定期到海尔大学授课或接受海尔大学培训部的安排，不授课则要被索赔，同样也不能参与职务升迁。每月进行的各级人员的动态考核、升迁轮岗，就是很好的体现。部下的升迁，反映出部门经理的工作效果，部门经理也可据此续任或升迁、轮岗；反之，部门经理就是不称职。为调动各级人员参与培训的积极性，海尔集团将培训工作与激励紧密结合。海尔大学每月对各单位培训效果进行动态考核，划分等级，等级升迁与单位负责人的个人月度考核结合在一起，促使单位负责人关心培训，重视培训。

技能培训是海尔培训工作的重点。海尔在进行技能培训时重点是通过案例和到现场进行的“即时培训”模式来进行。具体说，是抓住实际工作中随时出现的案例（最优事迹或最劣事迹），当日利用班后的时间立即（不再是原来的停下来集中式的培训）在现场进行案例剖析，针对案例中反映出的问题或模式，来统一人员的动作、观念、技能，然后利用现场看板的形式在区域内进行培训学习，并通过提炼在集团内部的报纸《海尔人》上进行公开发表、讨论，达成共识。员工能从案例中学到分析问题、解决问题的思路及观念，提高员工的技能，这种培训方式已在集团内全面实施。

对于管理人员则以日常工作中发生的鲜活案例进行剖析培训，且将培训的管理考核单变为培训单，利用每月 8 日的例会、每日的日清会、专业例会等各种形式进行培训。

海尔集团自创业以来一直将培训工作放在首位，上至集团高层领导，下至车间一线操作工人，集团根据每个人的职业生涯设计为每个人制定了个性化的培训计划，搭建了个性化发展的空间，提供了充分的培训机会，并实行培训与上岗资格相结合。

在海尔集团发展的第一个战略阶段（1984 年 –1992 年），海尔集团只生产冰箱，且只有一到两种型号，产量也控制在一定的范围内，目的就是通过抓质量、抓基础管理、强化人员培训、从而提高了员工素质。

海尔的人力资源开发思路是“人人是人才”“赛马不相马”。在具体实施上给员工搞了三种职业生涯设计：一种是对着管理人员的，一种是对着专业人员的，一种是对着工人的。每一种都有一个升迁的方向，只要是符合升迁条件的即可进入后备人才库，参加下一轮的竞争，跟随而至的就是相应的个性化培训。

“海豚式升迁”，是海尔培训的一大特色。海豚是海洋中最聪明最有智慧的动物，它下潜得越深，则跳得越高。如一个员工进厂以后工作比较好，但他是从班组长到分厂厂长干起来的，主要是生产系统；如果现在让他干一个事业部的部长，那么他对市场系统的经验可能就非常缺乏，就需要到市场上去。到市场去之后他必须到下边从事最基层的工作，然后从这个最基层岗位再一步步干上来。如果能干上来，就上岗，如果干不上来，则就地免职。

有的经理已经到达很高的职位，但如果缺乏某方面的经验，也要派他下去；有的各方面经验都有了，但处事综合协调的能力较低，也要派他到这些部门来锻炼。这样对一个干部来说压力可能较大，但也培养锻炼了干部。

“届满要轮流”，是海尔培训技能人才的一大措施。一个人长久地干一样工作，久而久之形成了固化的思维方式及知识结构，这在海尔这样以“创新”为核心的企业来说是难以想象的。目前海尔已制定明确的制度，规定了每个岗位最长的工作年限。

实战方式，也是海尔培训的一大特点。比如海尔集团常务副总裁柴永林，是20世纪80年代中期在企业发展急需人才的时候入厂的。一进厂，企业没有给他出校门进厂门的适应机会，因为时间不允许。一上岗，在他稚嫩的肩上就压上了重担，领导们看得出来他很累，甚至压得他喘不过气来。有一阶段工作也上不去了，但领导发现，他的潜力还很大，只是缺少了一些知识，需要补课。为此就安排他去补质量管理和生产管理的课，到一线去锻炼（检验处长、分厂厂长岗位），边干边学，拓宽知识面，积累工作经验。在较短的时间内他成熟了，担起了一个大型企业副总经理的重任。由于业绩突出，

1995年又委以重任，接收了一个被兼并的大企业，这个企业的主要症结是：亏损、困难较大、离市场差距较远。他不畏困难，一年后就使这个企业扭亏为盈，企业两年走过了同行业二十年的发展路程，成为同行业的领头羊，也因此成为海尔吃“休克鱼”的典型，被美国哈佛大学收入其工商管理案例库。之后他不停地创造奇迹，被《海尔人》誉为“你给他一块沙漠、他还给你一座花园”的好干部。

海尔为充分实施全员的培训工作，建立了完善的培训软环境（培训网络）。

在内部，建立了内部培训教师师资网络。首先对所有可以授课的人员进行教师资格认定，持证上岗。同时建立了内部培训管理员网络，以市场链SST流程建立起市场链索酬索赔机制及培训工作考核机制，每月对培训工作进行考评，并与部门负责人及培训管理员工资挂钩，通过激励调动培训网络的灵活性和能动性。

在外部，建立起了可随时调用的师资队伍。海尔以青岛海洋大学海尔经贸学院的师资队伍为基本依托，同时与瑞士IMD国际工商管理学院、上海中欧管理学院、清华大学、北京大学、中国科技大学、法国企顾司管理顾问公司、德国莱茵公司、美国MTI管理咨询公司等国内外20余家大专院校、咨询机构及国际知名企业近百名专家教授建立起了外部培训网络，利用国际知名企业丰富的案例进行内部员工培训，在引入了国内外先进的教学和管理经验同时，又借用此力量、利用这些网络将海尔先进的管理经验编写成案例库，成为MBA教学的案例，也成为海尔内部员工培训的案例，达到了资源共享。

海尔集团除重视“即时”培训外，更重视对员工的“脱产”培训。在海尔的每个单位，几乎都有一个小型的培训实践中心，员工可以在此完成诸多在生产线上的动作，从而为合格上岗进行充分的锻炼。

为培养出国际水平的管理人才，海尔还专门筹资建立了用于内部员工培训的基地——海尔大学。海尔大学目前拥有各类教室12间，可同时容纳500人学习及使用，有多媒体语音室、可供远程培训的计算机室、国际学术交流室等。为进一步加大集团培训的力度，使年轻的管理人员能够及时得到新知识，海尔国际培训中心第一期工程2000年12月24日已在国家风景旅游度假区崂山仰口已投入使用，该中心可同时容纳600人的脱产培训，且完全是按照现代化的教学标准来建设，并与国际知名的教育管理机构合作，举办系统的综合素质培训及国际学术交流，成为一座名副其实的海尔国际化人才培训基地，同时向社会开放，为提高整个民族工业的素质作出海尔应有的贡献。

客户至上
——中国平安

创新是平安人内心的精髓，指导其快速发展20年，并将继续发挥作用，是平安后援集中作业模式的原动力；顾客视角是平安人新时代的顿悟，是新时代的主旋律，支撑其未来的发展，是平安后援集中作业模式的生成元素。

继2006年平安斥资49亿元收购深圳市商业银行24%股权后，中国平安集团已形成以保险为主，融证券、信托、银行、投资和海外业务为一体的集团控股经营架构，成为继中信、光大之后第三家“业务完整”的大型金融控股集团。2006年中国平安后援管理中心在上海张江正式投入使用，则标志着平安最终建成了完整的集中运营管理体系，在崛起之路上又迈出了坚实一步。后援集中作业模式的使用，非常精彩，但其背后的平安力量更值得每个人思考。

1988年5月27日，借国内保险业恢复发展的春风，平安保险公司运势而生。在其18年的改革发展之路上，中国平安创造了一系列业界第一，由中国第一家股份制保险公司到中国第一家由外资参股的保险公司，再成为中国第一家以保险为核心的综合性金融服务集团，这个发展过程，也正是中国平安的发展战略创新不断的过程。“创新”成为平安生命力的核心，成为平安18年来不变的主题，也将是未来继续恪守的主题，“创新”成为企业成长的源泉和动力。

在创新这一不变的主题下，中国平安一系列的产品策略与服务策略，令业界为之惊叹，令世界为之折服。2006年，平安智富人生、“万里通”卡等产品笑傲群雄。在2000年平安推出具有统一品牌管理系统和服务界面的3A（Anytime、Anywhere、Anyway）服务体系后，在2006年又提出“P-STAR五星级服务品牌”的理念，这一理念的提出正是基于平安创新战略的支撑，更是由于平安后援管理中心的投入使用为其提供了现实的可能性。可以说，平安后援管理中心的建立，是其不断创新的结果，是其敢于不断探索、不断尝试的成果，是其时刻坚持“顾客视角”的必然。

2006年，平安“P-STAR五星级服务品牌”的提出，即为客户提供主动（Proactive）、简单（Simple）、及时（Timely）、方便（Accessible）、可靠（Reliable）的服务体验。创建“平安保险五星级服务品牌”预示着平安在服务水平上要挑战一个新的高度。后援集中作业模式将为这一高度的实现提供强有力的支持和平台，将为成功打造中国平安五星级服务品牌提供动力。中国平安希望借助后援集中作业模式助其金融帝国梦想的快速实现，当然，后援集中作业模式固然重要，是一种梦想实现的工具，但更重要的是能够集中力量于一点，准确发力。品牌内化正是这样一种策略，是能够将平安力量集中于一点的策略，是平安力量的发力点。实际上，后援集中作业模式是品牌内化的一种外在展现。

品牌内化策略可以理解为将品牌文化和内涵渗透到公司日常工作的每个环节，特别是公司的操作流程，使整个组织有一个统一的操作标准和行为准则，操作更具统一性、标准性和可识别性，并通过实际工作将内化效果自发地传递出来。中国平安通过品牌内化策略成功地整合了公司的各个二级机构，使整个公司形成一种整体，很好地实现了集团管控，公司的内部业务流程完全可识别化和可控化，有效地降低了风险，实现了规模化效应。同时，品牌内化策略使公司的每个员工清楚地认识到其每次与顾客的接触，都会传递出品牌信息，都会使顾客对品牌形成感知，会影响公司的品牌形象的形成，最终使每个品牌接触点都传递出有利于品牌建设的信息，从而将后援集中作业模式的功能推向了极致，而不仅仅限于成本的降低、风险的可控。

品牌内化思想很好的催生了后援集中作业模式的产生，是平安力量的发力点，在不久的将来将会催生出更多的“后援集中作业模式”。

伴随着中国金融业的全面发展，伴随着国外金融巨头的步步紧逼，在如今的中国，品牌建设已经成为企业建设的中心，建设企业就是建设品牌。因此，在品牌建设中，坚持顾客视角，为顾客提供最大化的服务价值和产品价值，使顾客从品牌接触点体验到最大化的功能价值和情感价值就成为品牌建设的关键。中国平安的后援集中作业模式，无疑是顾客视角下的产物，是提供顾客价值最大化的工具。

平安后援集中作业模式，整合了客户接触界面、共享的作业、集中和专业化的核心运营、第三方服务网络，整个平台的流程及系统设计以内外部客户需求为驱动，工作流管理和过程监控为要素，体现高程度的网络化、自动化、标准化，突出安全性、实时性、便捷性和高效性。最重要的是，平安后援集中作业模式，通过数据的分类、筛选和统计，在实现服务标准化、成本最低化及风险可控制性的同时，可以为顾客提供全方位的服务和产品，提供综合的客户解决方案，无形中提供了最大化顾客价值。后援集中作业模式，很好地诠释了顾客视角理念，很好地传递了顾客价值，这和汇丰、UBS的理念如出一辙。透过平安后援集中作业模式背后，可以发现：顾客视角的理念，已经渗透到平安集团的每个角落，并将伴随着平安的发展，成为其新时代的主旋律。

三赢共进
——千里马

千里马取得成功有何诀窍？东风悦达起亚汽车有限公司副总经理李春荣认为，千里马的成功首先得益于一个好产品，但最重要的是渠道。至于诀窍，东风悦达起亚一直坚持一个理念——把平凡的招数用到极致就是绝招，从而达到与经销商、顾客三赢的成功！

面对激烈的市场竞争，许多汽车公司推出了花样繁多的营销举措，东风悦达起亚却没有这些新花样——千里马：把平凡的招数用到极致。

同类产品中，有86%的产品降过一次价，有14%的产品降过两次价，但是，东风悦达起亚千里马2002年12月上市以来没有降价，却创造了经济型轿车的销售佳绩：2002年当年销售2万辆；第二年销售超过5万辆；2004年1—4月销售超过26000辆，在同类产品中名列第一。

在“渠道为王”的今天，扩大网点是几乎所有汽车企业都难以抗拒的冲动，然而，东风悦达起亚在网络建设上却非常谨慎，59家4S店支撑起了年5万辆的销量。国产乘用车单个网点2003年销量平均564台，东风悦达起亚却高达864台，名列第一。

面对激烈的市场竞争，汽车公司在营销上纷纷推出种种举措，什么降价、促销、服务升级等，东风悦达起亚却没有这些新花样，他们从上市之初，就形成了科学的网络体系和服务标准，销售一直领先于生产。

伴随着产品同质化趋势的加剧，经销商的渠道竞争力成为决定一个产品能否在市场上取得成功的关键。对企业有没有忠诚度、能否有效地执行企业的销售策略、在市场开拓上能否比竞争对手高出一筹、顾客满意度能否得到提高等因素，是考量一家企业营销服务能力的主要指标，也是所有汽车企业追求的目标。但是，在现有的市场条件下，真正做到并且能持之以恒地做好，却有相当大的难度。其中，起决定性作用的是营销理念。东风悦达起亚的营销理念之一，就是让经销商都有钱赚。

吉林有一个经销商，成功申请了两家公司的4S店，可最终选择了千里马。放弃另一家公司，最主要的原因是对方四处发展新网点，延长了投资回报期。“既要把蛋糕做大，又要让做蛋糕的人分享到足够回报”，李春荣说。在营销网点的规划上，东风悦达起亚建立了一套科学的数据管理和模块管理机制。他们把全国切成了59块，59块都有一定的结构比，比如说天津是1.3233，湖北是3.4811，如果年销售目标是10万辆，那么天津和湖北的销售目标就是1323辆和3481辆。精确到了小数点以后四位数的结构比，听起来有点悬，可这是用一个科学的数学模型算出来的，而且参考了当地的GDP、人口、客车保有量、轿车尤其是经济型轿车的历年销量、成功4S店的销量、消费者偏好，甚至气候等因素。

有了明确的目标，2002年，东风悦达起亚开始用2个月的时间对营销进行了整合。通过“龙卷风计划”，对原有的127家网点动了大手术，优选了其中59家建立统一标准的4S专卖店，完成了当年20368台的销量。2003年，还是这59家4S店，又完成了5万台的销售计划。

让经销商都有钱赚，还要让他们体会到公司的价值。虽然是个小公司，且迄今为止还是一个主导产品打天下，可东风悦达起亚的经销商都很有信心。原因很简单，一个产品都能创造出销量奇迹，今后更多的新产品上市后，一定能卖好。此外，东风悦达起亚成立以来，一直致力于建立一种良性的合作关系，比如，与供应商一个月结两次账，经销商的返利也是下月兑现。

与千里马的经销商打交道，给人最大的感觉是执行力强，而且有很强的企业主导意味。对此，李春荣笑而未答。他在纸上画了一个坐标轴，横轴代表时间，纵轴代表主导方，一条斜线代表发展趋势。“汽车营销网络快速发展，最缺的不是钱，而是人才”，李春荣解释说，营销网络发展的第一阶段，厂家主导占据主要地位，随后，要逐渐向经销商自律过渡，因此，要花大力气进行培训。截至目前，东风悦达起亚共进行了150多期经销商培训，受训人员超过3000人。

在网络管理上，东风悦达起亚也有一套严格的奖惩制度。为实现成为“客户价值标杆”的目标，他们启动了全国呼叫中心，及时反馈客户意见；建立了大区督导和第三方评审相结合的考评机制，便于发现问题，及时改进。“真正的营销管理说白了也是财务管理，以财务管理为中心、以市场为导向的准军事化的管理，通过加强管理，提升网络的执行能力。”李春荣如是说。

在东风悦达起亚，确保维修服务质量、提高服务人员技术水平、备件供应充足、提高客户满意度等要求一再被提及，而且有一套具体和管理措施。别小看这些普普通通的要求，真正做好却并不容易。北京一位千里马车主夜晚抛锚在路上，服务站的救援人员接到电话，迅速赶到现场处理，还为客户带去了汉堡和可乐。收到客户的感谢信，东风悦达起亚马上在全国经销服务商中推广……

打造品牌
——五粮液

随着中国经济的腾飞，早有一批大企业走向世界，诸如：华为、联想、海尔等，但五粮液却有着更大的野心。那些企业只能说是中国制造的，却并没有展现出中国文化。酒则不然，多数人拿了红酒会想到法国，喝清酒则是在享受日本风情。五粮液也渴望自己的品牌拥有如此的影响力。但做品牌推广，仅凭一已之力自然不足。“一个行业其实就是两种人：一是厂家，一是商家。如果后者发展不起来，就像瓶子大口小，还是发展不起来。”傅钟说。

五粮液期望借助品牌运营商顾问团，突破单纯买卖关系，转向形成厂商利益命运共同体。

23 个身价过亿的重量级人物，分布在全国各地，且每个人身后都拥有一个大型经销企业，年销售额加在一起达 200 亿元，占据了国内白酒市场的 1/10，要把他们聚集到一个会议桌前，需要多大的号召力？

而事实上，他们不仅聚会了，而且到目前为止已经聚会了三次。原因是，他们拥有一个共同的身份——五粮液品牌运营商顾问团团员，通过定期面对面的会议方式，一起探讨和分享各自的运作经验，共同关注行业的成长。

其发起者，正是五粮液集团。

作为白酒业的优势品牌之一，五粮液期望借此构筑一个厂商之间相互沟通与学习的平台，并由此突破厂商的单纯买卖关系，转向形成厂商利益命运共同体。

从经销商到品牌运营商

与一些竞争激烈的行业相比，白酒业的竞争一度趋于平缓。至今，五粮液、茅台等企业中的高端品牌仍处于供不应求的状态。

是否因此并不需要营销？

“按一般人理解，是这样的。经销商现在在我账上有十几个亿。”五粮液品牌事务部副部长傅钟对《中外管理》坦承，“但是不是不需要做品牌推广？恰恰不是。不但需要，而且我们还有更清楚的定位——打造中国文化品牌。”

2004 年年底，五粮液集团意识到品牌价值的重要性，开始细分自己辖下的诸多品牌。“五粮液”作为集团的核心高端品牌，被额外提了出来，并要组建专门的队伍去推广，五粮液品牌事务部由此诞生，并在2005 年年初正式投入运行。这一年，经评估，“五粮液”的品牌价值已经达到338 亿。

新部门成立之后，很快展开动作。品牌运营商的概念在这一年正式提出，替代了传统的“经销商”概念。

“表面上，这只是个名称变化，其实意味着很深层次的战略定位调整，就是以品牌为主导，而不是以产品。”傅钟说。概念的变化表达了五粮液对其经销商的期望，即希望后者由单纯的卖五粮液产品转移到运营、维护、提升五粮液品牌上来，和厂家形成品牌战略联盟，建立协调和联动机制。

怎样将这种转变“落地”？

首先需要做的，无疑是建立一个与经销商的有效联系平台，以充分整合、利用双方资源，进而提升品牌运营商队伍的素质与能力，并扶植一批有市场开拓能力的品牌运营商。

于是，筹备五粮液品牌运营商顾问团事宜开始酝酿。

2007年春，五粮液品牌运营商正式宣告成立。经五粮液集团推选，首批顾问接到了聘书，并于当年8月齐聚宜宾，召开了第一次会议。

“所有经销商成员一定都是经营‘五粮液’品牌的。第一批成员由我们来推荐，从现有的经销商中挑选出来，衡量标准不仅是规模，还有口碑等一系列标准。”傅钟说，“而接下来，再有新成员想加入，则由顾问团自己按照一套标准的流程进行评审、决议。

品牌延伸
——百事可乐

从定位于年轻人的差异化市场开始，百事一直通过音乐、运动这两个主题塑造品牌形象，并形象化人格化地突出和表现这一定位，使之成为每天出现在年轻人生活中的产品和标志。凭借百事一直倡导的勇于挑战的奋斗精神，以及百事的深具影响力的品牌资源、卓越的产品管理理念和强大的市场营销能力，百事将借势创造另一个赢家通吃的经典传奇，让我们拭目以待。

当你发现喜欢的可乐、流行的服饰与运动类鞋袜都是一个品牌时，会微微感到惊讶吗？

在成功涉足饮料、餐饮、食品之后，全球最具价值的品牌巨头百事再度将目光锁定在年轻人身上，量身打造了一系列代表年轻人流行文化的国际时尚运动服饰。百事可乐并不满足于与可口可乐的王者之争，积极寻找着区域性品牌延伸方向，一次又一次地“突破渴望”。

2004 年，全球各种体育盛事轮番上演，吸引了无数国人的眼球和金钱，竞技运动和娱乐运动项目一起在中国受到热烈追捧，运动消费越来越普及……针对全国掀起的体育热潮与中国运动产业爆发的市场机遇，百事以全方位接触消费者的原则进行业务多元化，将品牌延伸战略的触角伸向了时尚运动产业。

中国体育运动热潮的兴起早就吸引了市场嗅觉敏锐的百事。1998年百事雄心勃勃地进入中国的运动鞋类市场，强势推出了百事流行鞋。2003年末，百事将百事服装引入全新运动终端，并与百事流行鞋重新整合，定位为国际时尚运动品牌。2007年初百事可乐牛仔服饰系列中国市场全面启动。据媒体报道，百事已再次策划进行品牌延伸，即将在中国市场推出包括百事休闲及百事童装等在内的子品牌，目标是成为全中国最具影响力的年轻时尚服饰品牌，进一步完成百事的中国品牌战略。品牌的价值提升一直是百事公司在《财富》美国500强排行榜节节上升的关键因素。

1939年，可口可乐已是美国软饮料市场的霸主，此时百事可乐还属无名小卒之列。针对可口可乐瓶的容量小，其容量刚够一次饮用的弱点，百事公司以“大瓶子，满足大渴望”为策略，更改包装低价攻击，推出一种5美分12盎司的百事可乐，辅以“一样代价，双重享受”的广告，向可口可乐进行了挑战，从而拉开了美国饮料工业价格战的序幕。

1963年，百事通过绝妙的广告策划与市场推广，突破可乐市场的定位局限，打出了“百事可乐，新一代的选择”的广告语，将精力放在尚未形成固定口味偏好的青年一代，从而在与可口可乐的竞争中找到了突破口。百事可乐敏锐地捕捉到了二战后出生的美国青年的心理，鲜明地倡导“新鲜、刺激、独树一帜”，提出“新一代”的消费品位及生活方式。同时，百事加大广告费用支出，邀请新生代喜欢的超级巨星迈克尔·杰克逊、比利·克里斯特尔等明星做广告，作为百事的品牌代言人。百事的一系列广告突出了青春、活力、时尚等特征，使得百事品牌人格化和形象化，其品牌价值不断得到强化和提升。自此，百事可乐开始风靡全球，销售量扶摇直上，直追可口可乐。

1978年6月12日,《商业周刊》的封面醒目地印着“百事可乐荣膺冠军”。尼尔森关于百货店里饮料销售情况的每月调查报告也表明:百事可乐第一次夺走了可口可乐的领先地位。2005年9月12日,百事可乐股价第一次超越可口可乐。

据统计,近5年来百事可乐在全球可乐市场的销售份额逐年增长,已超出了其老牌竞争对手可口可乐。在中国,百事正以其青春、时尚、激情的品牌形象和准确定位赢得更多年轻人的心,成为年青一代流行文化的代言人。

消费者选择了一个品牌,不仅是选择了这种品牌的产品,而且还选择了这个品牌所倡导和代表的一种文化认同和生活方式。做品牌最好的方法就是将文化灌输进产品和服务,使得产品和服务的特色不只是技术而是一种独特的品牌文化,进一步丰富和强化品牌的个性和内涵。

百事无疑是一个绝佳的例子。多年来百事以“音乐无限运动无限精彩无限”为核心,不断地用具体的执行来演绎年轻人的流行文化。无论是和天王巨星麦克尔·杰克逊、瑞奇·马丁、亚洲小天王周杰伦的合作,还是启用贝克汉姆、皇马群星、姚明等体育明星为品牌代言人,百事一直都在用行动和事实展现什么是“新一代的选择”。在中国,通过“爱拼才会赢”的主题,启用流行乐坛最耀眼的明星代言品牌,配合紧密的促销活动,极大地提升了百事在中国市场的品牌影响力,强化了百事的品牌张力与塑造力。1998年百事把企业精神由“新一代的选择”变更为“渴望无限”(Ask For More),以“渴望无限精彩足球”“音乐无限渴望无限”为主题的活动一浪高过一浪,这些活动以“渴望无限”为依托,涉及面广,影响深远,一举成为中国市场上最能代表年轻人流行文化的王者品牌。“Ask For More”(渴望无限)已经成为年青一代的口头语。

“长期以来,百事像一位长跑选手,时刻等待着领先的机会。”

当一个品牌的核心价值得到消费者认可并在消费者心中产生正面丰富的品牌联想时，企业在原有品牌的基础上进行品牌延伸是很容易成功的。这个时候，品牌的知名度、美誉度和忠诚度等品牌资产都有一定的积累，容易使消费者“爱屋及乌”，将已成功的品牌的属性注入新产品，使之凭借该品牌的认知度、美誉度和良好的品牌形象等，以较低的成本、较快的速度，为产品占领市场赢得时间，同时也为企业节省了大量的新品宣传营销费用。

品牌延伸的标准是其产品的关联性和品牌文化和精神的传承性。百事作为世界顶级品牌，一直渴望将其品牌效应作为巨大的财富附加值在多重领域中得到提升和体现。经过多年来的品牌建设和传播，百事时尚、激情、动感的形象早已在年轻人心中生根发芽，对于接受力极强又追求新鲜渴望展现自己的年轻人来说，极易将对百事可乐的情感与认同延伸到运动鞋、服饰、牛仔，这似乎是顺理成章毫不费力的事情。百事运动作为百事的子品牌，秉承与母品牌一致的品牌文化，倡导年轻人为实现内心渴望要勇于挑战，积极突破，在休闲、运动两个产品领域中，坚持以“酷及前卫”为风格的时尚定位，同时非常重视产品功能的开发，拥有独特的国际运动品牌产品价值。“突破渴望”是百事文化的核心精神，也是百事品牌独具的魅力。由于并没有与品牌的核心价值产生冲突，并不会弱化品牌的影响力，产生品牌稀释的结果。这样的品牌延伸，对百事一直致力于建立代表年轻人流行文化的目标具有非常积极的意义。

巧用公关
——奥巴马的胜利

奥巴马的胜利也是公关的胜利，通过奥巴马的成功，让我们看到了广告、促销、公关手段的进化和发展。伴随着新媒体和数字技术的飞速发展，企业在新媒体的应用上，应遵守互联网核心精神“分享与互动”。如今，消费者不再单向接收企业传播的信息，在使用产品的同时，他们也在参与产品品牌的建设。企业应以更深入和互动的方式建立起与消费者之间的关系，获得消费者的忠诚度和信任度。

作为一个来自肯尼亚的黑人父亲和堪萨斯州的白人母亲的后代，没有任何政治背景、财团的支持，依靠草根和网络的力量，在大选中获得了包括中国网民在内的全世界网民的拥趸，成功登上世界最耀眼的政治舞台，成为美国第一任黑人总统。奥巴马的成功，从传播的角度看，就是一个成功的公关案例。公关讲究个人形象定位、目标受众的设定、传播环境、竞争对手的分析以及传播策略、关键信息、事件营销等。奥巴马在整个传播过程中，清晰定位品牌形象，明确目标受众，通过网络整合营销，进行有效的品牌传播，将个人品牌的公关发挥得淋漓尽致。

品牌形象定位与目标受众精确对接

奥巴马就像一个新品牌，一开始就选择了一个变革、打破传统的定位，树立起“年轻、时尚、创新、突破”的个人形象，鲜明区别于竞争对手麦凯恩保守、守旧的传统形象，确保了其年轻时尚的改革家形象出现在选民的面前，为他带来了一大批文化精英追捧者。

美国政治学者波尔斯比和威尔达夫斯基跟踪分析了上世纪40年代至2004年的美国大选，得出一个结论：大约20%的“中间选民”，是决定某位总统候选人是否当选的主力。奥巴马将目标受众锁定在被政治忽略的数量庞大的非主流人群，其年轻的品牌定位与目标受众的精准对接，使得奥巴马在草根、年轻人和无产者获得了无数拥戴，争取了更多草根和年轻人的群体，吸引“中间选民”为他投票。

可以看出，奥巴马和竞争对手麦凯恩的不同定位吸引到不同人群，其最突出的就是各自差异化的品牌定位。做品牌同样如此，差异化的定位将使产品在市场中更具有号召力与竞争力。

新媒体环境下的品牌传播策略

随着新媒体的发展，特别是web2.0技术的广泛运用和普及，使受众从单纯的信息传播接受者向信息接受者、信息生产者、信息传播者的复合身份转变，促使了草根崛起。

奥巴马年轻化品牌定位下，要在青春活力、充满斗志、年轻时尚、创新的草根中进行有效传播，新媒体是最佳的选择。奥巴马充分利用年轻、强势的新媒体，通过这种开放、民主的媒介形式，在新媒体传播策略中，重点运用新媒体技术，通过互联网、视频、博客、彩铃、搜索引擎、手机短信、电子图书等全面推广，不断拉近与年轻人的距离，获得年轻人支持。其政治形象也很好地利用了平民心态，吻合了平民、草根的心理。

从中我们也可看出，新媒体时代的品牌营销环境主要表现为：信息传播主体的变化和信息传播受众的草根崛起。因此，面对新的营销传播环境，品牌营销传播的策略必然基于受众本身，充分地融入目标群体中，建构受众与品牌之间的一种互动关系。

整合营销传播手段塑造品牌形象

在大选过程中我们可清晰看到，奥巴马运用了个人网站的品牌建立到视频、博客，到网络广告、搜索引擎进行全面推广，且执行到位，力度精准。从品牌形象到效果传播，从头到尾完成了一个成功的网络整合营销传播案例。

在奥巴马建立的个人网站上，网站整个基调都是以“开放”为主，且设计创新，互动性强，网民可成立部落、加入Facebook社群，还可以下载奥巴马的演讲作为手机铃声，给予支持者充分表达自己的方式，通过信息的共享与互动来达到争取舆论支持的目标。

在传播中，针对品牌定位，奥巴马成功募款6.4亿美金的竞选经费，这其中的87%是通过网络募而来，超过了以往的任何一届候选总统募集到的资金。

整个宣传过程，还充分运用了视频传播理念对个人品牌进行宣传，如广告片《拥抱》、“奥巴马女孩”视频、费城的演讲视频等，点击率暴涨，都成为Youtube有史以来收视率最高的政治人物视频。同时，大部分竞选资金投放了电子邮件、Banner广告、搜索引擎、网络游戏内置等形式广告。

不断革新
——通用电气

精简、灵活、快速、自信是GE公司追求的目标，而群策群力为此提供了保障，韦尔奇说，“我们必须从组织中的每一个人那里得到每一个好的创意，这种环境不能容忍压制和胁迫性的管理风格。”

1878年10月，美国著名的发明家托马斯·爱迪生建立了爱迪生电灯公司，1879年，爱迪生电灯公司与爱迪生的另外几个公司合并，组建了爱迪生电力照明公司，1880年，公司生产的白炽灯正式上市出售，1900年，GE商标完成注册。

不管爱迪生想没想到他的公司可以发展100年甚至200年、300年……，但该公司是道琼斯工业指数自1896年设立以来唯一一直存在的公司。

GE以年销售额1100万美元被列为1999年度《财富》500家第九位，而从市值、竞争力和管理能力、受推崇程度等方面来衡量，GE的世界排名还要靠前。

公司在全球拥有员工近30万人，业务遍及世界100多个国家和地区，业务领域涉及技术方面的飞机发动机、塑料、医疗，制造方面的照明、运输、动力、家电和工业系统，服务方面的金融、资讯和全国广播公司。

在通用电气的发展历程中，爱迪生的不断创业和革新的优良传统得到了很好的贯彻。在美国，GE 建立了第一个用于基础研究的工业实验室，率先将多学科小组的研究方法用于工业研究。GE 还是世界上最早拥有高级工程实验室的公司之一。100 多年来，GE 公司获得了60000 余项专利，其中约有16000 项至今仍然有效。如今，该公司每年获得的美国专利仍然超过任何一个美国公司。

谈及GE 公司如今的辉煌，没有人会不提及“管理奇才”韦尔奇。1981 年，当韦尔奇出任GE 董事长兼首席执行官时，GE 是一个历史悠久、庞大又略显臃肿的大公司，其市值仅为120 亿美元。20 年后，该公司市值增加了40 倍。

韦尔奇的管理思想和实践应该说和GE 的革新精神是一脉相承的。

上任伊始，韦尔奇说，“我最大的挑战将是如何用最多的资金投入到最赚钱的业务，同时避免错误的投资。”

根据这一思想，GE 把高技术性和技术服务性业务确定为核心业务。在随之而来的改革中，公司只保留那些可能在全球市场上居第一或第二位的业务部门，其余的一律被整顿、关闭或卖掉。

精简、灵活、快速、自信是GE 公司追求的目标，而群策群力为此提供了保障，韦尔奇说，“我们必须从组织中的每一个人那里得到每一个好的创意，这种环境不能容忍压制和胁迫性的管理风格。”

GE 从摩托罗拉公司那里学到并成功地运用了“六个西格玛”理论，这一理论要求每一个工作程序、每一种产品、每一项服务都达到一种“近乎完美”的质量境界。

成本控制——格兰仕

未来的竞争本质上仍然是成本之争，格兰仕要真正实现扁平管理，减少环节，提高效率，消灭官僚，把成本控制到最低，争夺行业“主控权”。

探寻格兰仕的迅速崛起，就不能不说说当地的“经济生态”：在南国有一种植物叫黑榄。

据植物学家介绍，黑榄之所以能从一株独苗成长为森林里的“空中花园”，主要得益于它能充分吸收周边环境的养料，与时俱进，顺应竞争为王的丛林法则，不停地绞杀竞争对手，从而称霸丛林，占山为王。

回顾格兰仕走过的历程，我们不难发现格兰仕走的就是一条竞争为主的丛林路线：鹅毛掸子——羽绒制品——微波炉——空调、小家电，将一个产品做大做强，然后再做下一个产品，犹如南国黑榄，在不同的成长期，生产不同的产品，相互依托，相互支撑，最后形成一个硕果累累的“家电花园”。

纵观中国微波炉市场波诡云谲的变化，1997 年是一个分水岭。在此之前格兰仕的优势并不明显，但在这一年格兰仕开展大幅降价和让利活动，形成了城市家庭购买微波炉的狂潮，在一年之中，格兰仕微波炉由几十万台扶摇直上，产销量达到300 万台，占据国内半壁江山。按照梁庆德的思路，在微波炉这个产品上格兰仕要做到在全球市场上达到垄断。“在单一产品上形成绝对优势，这叫做一个拳头打人”。

以规模说话，靠市场发言。一方面是甩开了竞争对手，还相应地带来了效益并最大限度地利用了资源；另一方面，迅速形成规模以后，价格和技术的优势又使一些没有竞争力的企业不会贸然进入，从行业整体上遏制了“入侵者”投资规模的扩张。梁庆德认为，成功的市场和产品定位，是格兰仕微波炉确立行业地位的基础。

对于格兰仕降价，人们已是习以为常，正如该公司的新闻发言人俞尧昌所说：“降价是我们的‘战斗机’，哪里需要我们就投放到哪里。”

从格兰仕的起家产品微波炉来看，格兰仕舞动的就是“规模——降价”：“降价——规模”的双刃剑，一表一里，一阴一阳，阴阳交错，互为表里，最终格兰仕赢了，一跃成为微波炉全球第一的“巨无霸”。同样是打价格战，为什么格兰仕就能打得赢，而有的企业却打不赢呢？老俞解释为“把戏人人会耍，巧妙各不相同”。所谓的“巧妙”就是企业的谋略。

本来格兰仕没有微波炉的变压器生产线，但格兰仕有质优价廉的生产能力。于是，格兰仕在认清了自己的目标和底线以及对方的目标和底线后，充分运用成本优势“无中生有”；日本变压器价格是20多美元，美国的企业的成本是30多美元。格兰仕就与美国公司谈判：你把最先进的生产线搬到我那儿，我帮你生产，以每台8美元的成本价向你供货，不过设备的使用权归我，在保证你的需求之后，其余时间任由我支配。于是美国人把生产线搬到了格兰仕。由于中国的人力和土地成本比日本低得多，此举很快压得日本企业痛苦不堪，变压器成了日本人的鸡肋。格兰仕又找日本企业来谈：我出5美元，你把变压器交给我做，于是，日本企业也把生产线搬了过来。

珠峰之所以没有萎缩，就是因为它利用了邻近高峰与深层地表的挤压，化挤压力为上升力，加上爆发的突变，造就了今天的珠峰，这就是珠峰生成的原理。同样，从企业的成长来看，也有一个“珠峰原理”：一个小企业要成长为大企业，也必须通过缓慢的、持续不断的自然增长，加上爆发的突变，然后才能成为高手之林中的顶级高手。

从产业的聚群来看，格兰仕扎根于“中国家电王国”顺德市容桂镇，好比是中国家电行业的“喜马拉雅山”；在这样的“聚群”经济环境中，家电的相关企业形成了生态圈与产业链，地处圈内的散件加工商——品牌制造商——流通渠道商，梯级分明，互相依存；物流、人流、资金流、信息流在生态圈内构成了最经济的互动，生态圈和产业链为格兰仕提供了前所未有的市场竞争力。

由这些独天独厚的地缘优势，造就了格兰仕不易“克隆”的竞争力；但这些只是自然增长的先天条件，格兰仕要想获得“爆发性的突变”，成为家电业“珠峰”，还得借助地缘优势形成企业自身成熟规范的竞争力——培养出企业独有的特定组织机构和获利模式，特别有竞争力的人。

整合营销
——康师傅

康师傅，这个在内地卖方便面并成为行业老大起家的台湾地区食品企业，近几年在与统一的争战中牢牢巩固其中国方便面的霸主地位外，还陆续推出茶饮料、果汁饮料并取得靠前的市场份额。在中国的“吃”“喝”市场屡战屡胜的康师傅显然不会放弃功能性饮料这个在世界范围内正在急剧上升的饮料细分市场。2004年5月，康师傅推出了补充性的运动饮料——康师傅劲跑x，并声称要投入一个亿来推广它。

在其他的饮料厂家奇招迭出的功能饮料争战中，康师傅凭什么胜出？靠其推出茶饮料和果汁饮料般用明星代言并搞校园之星歌手选拔赛？靠财大气粗拿钱去广告轰炸砸开一个市场？靠提出一个比他+她更别致的创意？这些都是不错的选择，不过显然和康师傅的务实的市场态度不契合。有业界人士将康师傅的优势总结为“品牌+执行力”，可见康师傅的“执行力”是公认的，特别是其在渠道上面的能力。事实上，康师傅更倾向于将不同的营销手段整合起来，一步一个脚印地去推一个新品，包括劲跑x。下面以康师傅在广州举行的“2004年穗港澳沙滩排球赛”为案例来窥康师傅推劲跑x的“一斑”。

康师傅主赞助的“2004年穗港澳沙滩排球赛”始于5月22日，

7 月 18 日在广州天河体育馆南门广场拉下帷幕。康师傅在这个活动中综合运用了体育营销、联合营销、美女营销、游戏营销、细节营销等手段，尽可能将活动效果“最大化”！

体育营销：强化产品定位

康师傅劲跑 x 定位于一种补充性的功能饮料，其产品中含有维生素、电解质、氨基酸三种微量元素，可及时有效补充人体运动这三种元素的不足，使人迅速恢复精力。据广州康师傅的负责人在接受媒体采访时称劲跑 x 是目前市场上唯一的补充性的运动饮料。劲跑 x 的目标消费群体是注重健康、活力和时尚的人群。劲跑 x 的名字和其包装上的狂跑的运动健将所营造的动感十足的形象都暗示着劲跑 x 的定位。康师傅自然而然地将相关的市场推广活动和运动扯上关系，如在哈尔滨举行“康师傅劲跑 x 杯”足球比赛，在成都则是“康师傅劲跑 x 杯”健康公路跑，在贵阳主办“全民健身跑邀请赛”……这些活动没有什么创意，稀松平常，甚至有些“俗套”。康师傅却在这个上面一丝不苟地做着，潜移默化地在消费者心中强化着其产品的定位。

沙滩排球是一种时尚的运动，目前尚没有普遍开展。珠江三角地区由于地处沿海，经济发达，运动时尚比较靠近国际潮流，人们思想开放易于接受新事物，因而沙滩排球这一内地鲜有的运动在穗港澳地区有一定的群众基础，况且了解、接受和进行这个运动的人一般购买力强，热爱时尚运动，是劲跑 x 的核心消费者，抓住这部分消费者可有效地发挥消费“辐射”效应。

康师傅将国际上通行的 2v2 的沙滩排球打法改为 3v3，扩大参与面和比赛的精彩程度。康师傅和广州排球协会联合主办的这次赛事，旨在推广沙滩排球这一“时尚”的运动，为此康师傅不惜耗费巨资在广州天河体育馆南门水泥地板的广场上围起两个标准的沙滩排球比赛场地。

这次沙滩排球比赛先从穗港澳三地决出男女各两个代表队，再于7月17、18两天集中在广州进行最后的冠军的争夺。这将近两个月的选拔赛程令劲跑x“是运动后最佳的补充性饮料”的定位在沙排爱好者中深入人心。不仅如此，康师傅还从7月10日起在广东省内大众中推出“动感沙排广东齐齐打”，分男女公开组、男女大学生组、男女中学生组三个组别，分别奖励前三名。这一“齐齐打”将沙滩排球普及运动“波延”到广东社会的更大的劲跑x的目标消费群。

把沙排比赛由海滩“搬到”广州最繁华的天河，令运动员穿着印有康师傅劲跑x的运动衫在赛场上尽情地挥洒，赛后和比赛休息的间隙又淋漓畅快地喝着劲跑x，这使得广州市民纷纷将健康、运动、活力、时尚的元素和劲跑x联系起来，对于劲跑x的品牌定位的深化作用是显而易见的。

沙滩排球比赛进行到后阶段，康师傅更是借着6月30日广州申亚成功的良机，将沙滩排球比赛大肆宣传为“广州申亚成功后第一场大型的庆祝赛事”。劲跑x又增添了关心广州体育事业的“美名”，美誉度进一步提升。

联合营销：降低推广成本

现在市场竞争激烈，广告战、价格战等不断，要想在市场上占有一席之地没有足够的市场投入是不行的，营销费用也是水涨船高。很多企业在市场推广中就和目标消费者相同的其他品类的厂家联合起来，共同分担庞大市场开拓花销。康师傅虽然在方便面、茶饮料和果汁饮料市场上赚足了“银子”，对劲跑x的投入也号称要达到一个亿，可谓财力雄厚，可是它也知道举办这样一个大型的活动会很

“烧钱”，找一两家企业来分摊，会创造多赢的局面。

于是乎康师傅拉来了高晋国际作为联合赞助商。这个联合赞助商旗下的产品有曼秀雷敦摩擦膏和新碧防晒系列。曼秀雷敦摩擦膏是以消除因扭伤、拉伤、挫伤、劳损引起的痛楚为主要的功效，其目标消费者以“运动一族”为主。而新碧防晒系列以酷爱户外运动的人为目标使用者。这些人都包括在劲跑x的目标顾客中。高晋国际是国际性的企业，它正在努力开拓中国市场，在广州、上海、北京设有分公司。康师傅拉上它来搞这个赛事也可以提高劲跑x的档次。而高晋国际借助康师傅这个大型的活动也可大大提高其产品的知名度。

美女营销：注意力的争夺

在信息爆炸的现代，人们接触到的信息太多了，信息的轰炸也让大众建立起信息壁垒，对信息的接受已越来越具有选择性。要打破消费者的信息壁垒，首要的是要引起其注意，否则后面的信息的灌输、双向的沟通都无从谈起。也就意味着对注意力的争夺已经成为企业营销成功的关键。康师傅劲跑x沙排比赛安排在广州市中心进行其本身就有很大的吸引力，但那对运动爱好者而言是足够的了，对普通大众而言则不足以令其驻足进而移“贵脚”到现场“看个究竟”。这些人却也是运动饮料的目标消费者的，康师傅自然不会放过。

在广告创意中，有三b原则。所谓三b分别是baby（婴儿）、beast（动物）、beauty（美女）。意思是一则广告要想很好地吸引受众的注意，最好用婴儿、动物、美女三者中的一者或者多者作为主角。在康师傅的这个活动中自然是不方便搬来一群动物或者婴儿来助兴的，也与其产品定位不符合。不过美女倒是一个不错的选择。

康师傅在一场比赛结束，下一场尚未开始的间隙就请出四个青春亮丽美女穿着两点式泳衣在布置于两个赛场中间的小舞台上跳热舞，当然泳衣的颜色跟劲跑 x 的基本色是一致的，热舞女郎手上拿的亦是劲跑 x，舞的内容是跟运动有关，表达的是运动后喝一瓶劲跑 x 非常淋漓畅快的主题。热辣的舞蹈，两点式的泳装、狂放的舞曲通过现场的震耳欲聋的喇叭传出，令行人纷纷驻足好奇观望，许多年轻男子还被“吸”到现场。

康师傅为了提高沙排活动的吸引力，把女运动员的比赛服装都设计为印有劲跑 x 和高晋国际的标志的低胸紧身运动泳装，在大赛的宣传照上更有许多运动员的性感特写。联合赞助商高晋国际派出的促销小姐也是上身穿着尽显身材的紧身小背心，而下身穿的是超短的窄牛仔裤，可谓性感迷人。她们穿梭在活动现场到处请人试用防晒和摩擦产品，成为一道令人流连的风景。这些吸引观众的招数虽低俗了些，却十分管用。这种美女营销的策略为争取顾客更长时间地停留立下功劳。这也就为劲跑 x 的概念及功效的宣传灌输提供了时间的保证。

游戏营销：提高受众的参与度

康师傅在沙排比赛的现场还专门设立了一个名为运动营的大棚，里面设有四组游戏，分别为——a：能量全补充；b：享受淋漓畅快；c：清凉之夜；d：垫球入篮。观众只要现场试饮劲跑 x 就获得印花一个，现场参加游戏也有机会获得印花一个，满三个印花就可以换劲跑 x 一瓶，满五个可换劲跑 x 运动装备一个。

其中 a 组游戏所有的现场观众都可以免费参与，参与者只要将排球往两米开外的三个分别代表劲跑 x 饮料中含有的三种微量元素的洞中扔去，投中一个表示“补充”了一种元素，允许投三次，三次中投中一次的奖励一次机会，总共投中两次的可获得印花一个。在游戏前有一个塑料板面对游戏有一个简要的说明。

b 组游戏也是现场的人都可以参与的，不过其要求参与者在 20 秒内骑一辆小自行车绕过 4 瓶劲跑 x （塑料板做的）并拿到左边的一瓶劲跑 x 饮料就算完成任务，也可以获得印花一个。同样的，游戏前也有一个塑料板面对游戏进行简要的说明。

c 组游戏则要求现场购买了一瓶劲跑 x 饮料的市民才能参与，因为参与者可以在一台踏式游戏机上玩滑雪游戏，在规定的时间内完成任务的就可以获得印花一个。

d 组游戏是人人都可参加的。参加的人只要在一米线外将排球用打排球时垫球的方式垫入到做成劲跑 x 瓶身样的塑料板上的篮网内，每人有三次机会，入两球者就可获得印花一个，同样地入一个以上者奖励一次机会。

这种游戏方式令受众在游戏的过程中自觉不自觉地阅及劲跑 x 的相关概念性的知识。毕竟功能性饮料在中国还是一个新名词，要教育消费者，培育市场。电视、广播、平面媒体的广告轰炸，强势的灌输，使得观众本能地抗拒，效果打折。游戏营销中则可“寓教于乐”，效果甚佳。

在这个运动营中，游戏的说明和道具大都印上劲跑 x 的包装、标志。最成功的当数 a 组的能量全补充，把投球入洞创意为补充元素，把游戏和劲跑 x 中含有的微量元素结合得很好。而 b 组游戏则难度过大，参加者寥寥，且游戏内容和题目对不上号，骑自行车和享受淋漓畅快有什么必然的关系吗？ c 组因要买一瓶劲跑 x 才能参与，也限制了参与人数，更糟的是游戏机的外部没有经过任何的装饰，一台“裸机”在一片劲跑 x 的标准蓝色中显得分外刺眼。d 组游戏名称没有新意，内容和产品知识介绍扯上关系，说什么进两个球表示劲跑 x 的青柠和西柚两种口味，很牵强。

其实游戏营销在营销沟通中的效果应该讲是很好的。康师傅这一个设置也极大地提高了受众的参与度，而受众的涉入度是产品由知名度提升到忠诚度的关键一环。康师傅须创意出更多的如a 组游戏一样有新意且和产品知识的宣传十分切合的游戏来，方能把游戏营销的功能发挥到极致。

抽奖、赠送、折扣：一个都不能少

康师傅在活动的现场为了聚集人气，专门设立了一个抽奖台，派一个工作人员向在场看比赛的观众“兜售”抽奖券。事实上，观众只要填一份简单答卷。答卷上的问题只有两个，一个是主赞助商是谁？一个是写出一个赞助商的名字，之后是写上自己的名字和电话就可以了。答案就在抽奖券上面。这个抽奖活动每一个小时抽一次奖，奖品是康师傅劲跑x 运动装备一个。抽奖变相地充当了问卷的作用，对于活动后统计活动信息的到达率有一定的参考作用，不过更主要的是提高观众参与度。

除了抽奖，运动营还进行比赛奖印花换饮料的活动。在现场，康师傅把每瓶在超市里售价为2.7元劲跑x 降至2.5元，劲跑x 的促销员还用一次性纸杯给进入现场的市民免费试饮。这些举措对于在火辣的太阳中行走的人来说不啻是“雪中送炭”，真真让他们享受到淋漓畅快。有试用就有可能成为忠诚消费者。

新碧防晒系列现场打三折销售。打扮性感的新碧和曼秀雷敦促销小姐满场找人试用产品，派发传单。这些传统的促销手段对提高新产品的使用率和关注度还是十分奏效的。

细节营销：于细微处见功夫

康师傅在这次活动中，使每一个角落都争取为劲跑x 产品的深蓝色和浅蓝色两种标准色和劲跑 x 的标志所覆盖。促销员、运动员一律穿着印有劲跑 x 标志的服装。促销台、兑奖处、舞台、太阳伞，甚至是压气球用的沙袋也是用产品那种蓝色做的。在比赛的过程中，赛场的围板沾上了少许沙子，都有人员用劲跑 x 的瓶子装着水逐一清洗干净。整个现场的物品的布置也是相当的规则有序。这一切的细节的注意体现了康师傅营销推广的深厚的工夫。

第三章　失败领导的宝贵教训

什么是失败？哲学家说：“胜利和失败都是与客观规律的对话：若胜利，那客观规律在说‘是’；若失败，那是客观规律在说‘否’。”经济学家说：“效益大于投入就是成功，投入大于效益就是失败。”军事家说：“失败是战场上排名‘第二’的同义词。”心理学家说：“实现值与期望值之比大于1，就是成功；若是小于1，就是失败。”老百姓说：“失败就是栽跟头。有的人栽跟头是因为路不好走，有的人栽跟头是因为路太好走。”知道为什么失败，就是成功。世界一流企业成功的经验都是我们共有的财富，世界一流企业失败的教训也应该成为我们共同的财产。相对于成功的经历而言，失败的经历要比成功的经历丰富得多；相对于我们国内企业所感受到的成功的经验来说，目前，我们所感受的失败的教训简直少得可怜。

了解一流企业失败的原因，吸取一流企业失败的宝贵，从而让我们的管理远离失败。

权谋管理
——王安之败

“富不过三代”，这是压在中国企业家头上的一个历史宿命。王安之败告诉我们，如果接班人成为公司掘墓人，那么这种宿命很可能是在公司兴盛的时候就已经注定了。而目前正红的那些著名企业有多少能够摆脱这种宿命？这取决于他们的领导人今天所做的一切！你选择了什么，你的未来就是什么！

王安是华人世界的奇迹。这种奇迹不仅在于他创立了美国最优秀的公司之一——王安公司，也在于他培养出了很多优秀的企业家。比如目前领导思科公司所向披靡的CEO钱伯斯，就是从王安公司出来的。

我们很难设想，如果钱伯斯做了王安的CEO会怎么样，但这段历史至少说明一点，王安公司的衰落并不是因为没有人才，也不完全是因为技术问题。深入分析王安之败，我们可以看到王安是倒在华人公司普遍面临的一个基本问题上：权谋管理与接班人危机！

王安24岁赴美，在应聘IBM时备受侮辱。王安开办了自己的公司后，很重要的目的就是想改变华人在美国的形象。这种自尊与复仇既体现在他坚持用中国名字命名公司，也体现在他的管理方式上。

众所周知，王安实验室的“三剑客”考布劳、斯加尔和考尔科，尽管才华横溢，但却相处得并不好。王安不仅没有设法通过战略设计与制度安排，将他们统一在公司的战略目标下，而且让他们各自负责一个项目，鼓励他们三人相互竞争。

同样，为王安成功立下汗马功劳的约翰·卡宁汉，很受王安的器重，成为唯一一位王安家族外能影响王安决策的人。卡宁汉之所以被重用，除了才华外，最重要的是他对王安的要求总是洗耳恭听，也从来没有对王安的领导位置提出过挑战。当时很多人都认为，卡宁汉是能够引导王安公司迈进21世纪的最佳人选。然而，他却并没被推上至高宝座，原因很简单，因为他不是王安家族的成员！

在这一点上，王安并不讳言。他坦然对媒介说："我是公司的创始人，我要保持我对公司的完全控制权，使我的子女能有机会证明他们有没有经营公司的能力。"1986年1月，王安任命36岁的儿子王列为公司的总裁。

事实上，在这之前，王列就已经在负责公司的业务了。与传说中所描述王列并不相同的是，真实的王列并非一无是处，年轻气盛的他提出了很多创造性的主张。比如他让考布劳三人统一思想，停止开发那些互相之间不能匹配的产品。他认为计算机和办公自动化未来的出路在于系统化，在于整个系统互相配合和补充，而不在于单一产品的功能。

他的想法受到了公司不少人的拥护，然而，王列哪里有他父亲那种个人权威与管理能力！1984年，斯加尔决定离开王安实验室。1985年，考尔科也离开了王安实验室。考布劳、斯加尔、考尔科三人可以说是实验室的三根支柱，他们为公司带来了几十亿美元的利润，然而他们三人都离开了，与其说，他们是因为受不了王列的工作方式而离开的，不如说，他们只能在王安这种"强人"领导下才能相安无事。

至于王安公司在技术上走封闭的道路，个人觉得只是王安衰落的一个催化剂罢了。走封闭路线固然不对，但后来同样走封闭路线的苹果，在失败之后为什么又可以东山再起呢？IBM 在大型机失败后亏损上百亿，但为什么IBM 今天依然辉煌？

同样，把位置传给儿子也并不必然导致公司的衰亡。IBM 的沃森，摩托罗拉的高尔文不也把公司传给了儿子？这里的关键是，在公司兴盛时你所做的一切，决定了你留给儿子什么。而你留下了什么，子女就继承什么！

IBM 的沃森留给儿子的是著名的“IBM 之道”：“尊重个人；高品质的客户服务；产品精益求精”。摩托罗拉的高尔文留给儿子的是公司的价值观：“对人永远的尊重，保持高尚的操守”。而王安留给儿子的是什么？是权谋管理的文化遗产以及对企业绝对的控制权！

金融超市的倒塌
——花旗集团

花旗给中国银行业最大的启示或许还不是该如何规避风险，而是在与西方金融巨头合作过程中要认清其贪婪的本质，不再只是以充满崇拜的目光仰视它们，而要避免东施效颦，在去其糟粕中学习、创新和超越。

一个世纪足以发生许多轮回。1935 年春，在美国缅因州一个农场里，摩根财团被迫一分为二，一部分继续从事传统商业银行业务，此即 J.P.摩根，另一部分成为独立的投资银行，此即摩根斯坦利。74 年后，同样是在春天，同样是在旷世金融飓风的扫荡下，又一个金融巨头——花旗不得不做出类似的决定。如果当年签署《格拉斯—斯蒂格尔法案》的罗斯福天上有灵，不知他是会感慨老天弄人，还是悲戚人类的愚顽？

所不同的是，当年的摩根虽被拆分但实力犹存，而花旗却已伤痕累累。2008 年，花旗净亏损 187.2 亿美元。如果没有美国政府出手相救，这个地标式的金融巨人恐已轰然倒地，余剩一片悲歌与叹息。

2009 年 1 月 13 日，花旗正式宣布将剥离其从事经纪业务的美邦公司。根据计划，花旗将与摩根斯坦利组建一个合资公司——摩根斯坦利美邦，摩根斯坦利将在合资公司中占 51% 的股份，为此摩根将向花旗支付 27 亿美元。仅 3 天之后，花旗又公布了一个战略性计划，将花旗集团重组为两大事业部，即花旗公司（Citicorp）和花旗控股（CitiHoldings），二者均由花旗集团有限公司（CitigroupInc）全资拥有。

花旗和摩根斯坦利合并经纪业务是次贷危机爆发以来华尔街经历的又一重大变革。有专家称，这将标志着强大、独立的经纪公司的回归。过去十年来，在投行和商业银行的大举吞并下，独立经纪公司几乎消失殆尽。更有分析师认为，此举加上花旗的结构重组，意味着花旗苦心经营的“金融超市”模式濒临破产。

1998年，在桑迪·威尔的主导下，花旗与旅行者合并。这是威尔打造花旗金融帝国过程中的重要一步，也是实现其金融超市梦想的关键一环。金融超市的设想是提供一站式的服务，使所有人在一家金融机构就能完成其储蓄、借贷及投资等业务。花旗集团正如此，它有零售和商业融资业务、投行业务、经纪业务，此前还有旅行者保险业务。然而，长期以来股东们一直怀疑这样一家公司能否做得比专业公司更好。

金融风暴卷走了花旗身上华丽的衣裳，其臃肿不雅的“裸体”被毫无保留地暴露在众人面前。在瑟瑟的寒风中，花旗已无暇顾及羞涩与颜面。它要生存。它得改变。

根据目前透露的计划，新的花旗公司将侧重于花旗最擅长的业务，即提供企业、私人和零售金融服务。预期新花旗公司资产总额约为11000亿美元，它将保留花旗全球的主要金融业务以及信用卡业务。花旗控股将持有全部非核心资产，共约8500亿美元，主要包括：零售经纪和资产管理，消费融资以及一个特别的资产池。该资产池包括1920亿美元的美国消费贷款、260亿美元的美国企业贷款、320亿美元的美国抵押证券等。过去几年收购的许多资产都被视为非核心资产，现有的许多自营交易和不良贷款均将交由花旗控股管理和处置。

也有人认为，花旗的重组与当年摩根的拆分有着本质区别，它并未从根本上改变花旗的商业模式。不过，花旗顾问、前美国财长罗伯特·鲁宾的离职却可能预示着什么。

鲁宾宣布退出花旗董事会。尽管此举被许多人解读为鲁宾引咎辞职，但如果考虑到鲁宾是金融超市最忠诚的信徒之一，那么他的离去是否意味着花旗金融超市模式的终结呢？

在当年被桑迪·威尔挤走的花旗前联合CEO里德看来，花旗的今天实属意料之内。在花旗与旅行者合并之初，他就断言花旗的公司银行业务可能永远也无法盈利。不久前，他又再次公开声称，花旗的商业模式可能会调整。

不论如何，对于2007年12月上任的花旗CEO潘伟迪来说，这样的调整多少有些尴尬与无奈，因为他同样也是金融超市的“坚定信仰者”。普林斯辞职后，花旗董事会派人找到前首席运营官威廉姆斯塔德，希望他接任。不过，威廉姆斯塔德提出了一个让董事会无法接受的条件——拆分花旗。结果董事会最终选择了有“共同理想”的潘伟迪。

潘伟迪上任后一直声称要保留花旗既有的商业模式。2008年12月中旬，花旗高管意识到，第4季度严重亏损已在所难免，为此他们至少应该采取象征性的举措，与潘伟迪过去所坚持的路线诀别。

问题在于，如果花旗之举仅为权宜之计，那么它能否从根本上解决花旗所存在的种种问题，甚至解其燃眉之急都是值得怀疑的。因此，有分析师预期，如果美国联邦政府进一步施压，花旗将不可避免地会进行更大规模的分拆和瘦身。

金融超市的模式并不必然地会导致失败。JP摩根大通、美洲银行等亦采取此类模式，但在此番的风暴中，它们的情况显然比花旗好得多。花旗的问题之一在于规模过于庞大，且缺乏有效的整合和协同。

截止2008年，花旗在全球共有员工约38万名，分散在106个国家，其员工数量比美洲银行多80%。更致命的是，花旗金融帝国如同当年的元帝国一样，是一个马背上得来马背上管理的帝国。多年来，花旗并未能对其收编的众多机构进行整合，从而导致机构重叠，冗员增多，内部山头林立，企业难以驾驭和管理。花旗经理们就坦率地指出，花旗员工之间缺乏共同的文化，员工不仅对公司漠不关心，而且常常搞窝里斗。因此，也有管理学者认为，花旗的问题不在于商业模式，而在于执行和管理上。

几年前，富国银行CEO理查德·科瓦塞维奇说："我不相信规模。越大不是越好，而是越糟。"1999年10月30日，在美国五大银行中，花旗市值排名第一，后来落至第5名。相比之下，向来以谨慎著称的富国银行却由第3升至第一，且在五大银行中是唯一保持股东回报率为正（37%）的银行。

其实，花旗的问题在2001年的安然事件之后就已陆续暴露出来，传奇的强势CEO桑迪·威尔也不得不引身而退，让位于律师查克·普林斯。普林斯上台后采取了诸多措施对花旗进行整合。他一度停止了大规模收购，以消化和整合此前收购的业务，并出售了一些业绩不佳的业务，如将旅行者人寿及年金公司以118亿美元卖给大都会人寿保险公司。

另一方面，为重塑花旗的企业形象，挽回花旗污迹斑斑的声誉，普林斯着重加强了花旗内部的道德建设，以塑造一种有利于公司长远发展的价值观。2005年2月14日，普林斯签署了一份题为《我们要做什么样的公司？》的备忘录，并发给全体员工，目的是加强公司的道德宣教。普林斯还花了很多时间向员工灌输花旗新的合规和道德规范，并强调要以团体业绩而非个人业绩为基础进行管理。普林斯说："在我们所生活的社会中，作为社会生物的企业要对其行为负责"。

要管理好花旗这个金融日不落帝国谈何容易。普林斯表示，花旗99.99%的员工都是好的，出问题的只是极少数。然而，0.01%即相当于3800余人。这“极少数”人中到底谁会犯规是谁都无法预料的。另一方面，普林斯单打独斗的性格也增添了花旗管理的复杂性。2005年，原本由桑迪·威尔安排辅佐普林斯的威廉姆斯塔德因与普林斯不和而离开花旗后，花旗曾经一度没有首席运营官。

现任CEO潘伟迪并不认同花旗已经没法管的看法。他很轻巧地表示，管理无非是关于人、组织和执行的问题。为此，在宣布准备对花旗进行重大调整之前，他就已开始着手进行局部调整，其措施包括削减规模、实行矩阵式管理，加强内部整合以及决策权适当下放等。

在矩阵结构下，花旗某些职能（如IT）和产品线被集中管理，而整个公司则被分为4个地区进行运营。潘伟迪表示，此举的目的是给各地区的领导授权，允许他们“就地拍板”。然而，矩阵式管理也会造成责任不清等问题，花旗前CEO李世同就曾描述了花旗以前发生的“矩阵战争”问题。在潘伟迪设计的矩阵式结构中，不少经理要向两位上司报告。这能否解决花旗内部协同力问题仍是个未知数。

从令对手望而生畏的巨人，到不得不依靠政府施舍，花旗给人以太多的深思。其实，回顾花旗的发展历程，我们不难发现其中的前因后果。

自金融被创造出来之后，它就成为冒险家最刺激的金钱游戏之一，花旗也未能抵挡其诱惑。几十年来，花旗以大胆的金融创新而著称。为了实现利润的最大化，它比对手更早地使用新技术及推出新产品，比对手更积极地开拓海外市场，比对手更大胆地冲击法律的束缚。它披着金融创新的外衣不断放纵其越界的冲动。然而，一旦越过合理界线，馅饼就是陷阱。次级贷危机及近年来花旗频发的丑闻无一不证明了这一点。

作为“消防队长”而被推到前台的普林斯曾经努力控制花旗冒险的欲火。他要求员工不要过分地不惜一切代价地攫取短期财务收益，而是要着眼未来。他说：“我们要做的事情应该是明天能做、下周能做、下个月能做、明年还能再做的。”为此，在普林斯任内，花旗扩大了其持股保证计划，要求3000名高层经理至少要保留其所获股票的25%。

然而，在普林斯任内，花旗还是冒了一次让它走上衰运的大险。美国一位银行业分析师指出，花旗的高风险高回报战略导致它比其他银行更加脆弱。2006年，美国金融市场的疯狂达到了顶峰。这一年，花旗发行的担保债权凭证增至409亿美元，比前一年增长了一倍，由花旗产生的次级抵押的数量增长了85%，而其他银行已开始收缩该业务。与此同时，在并购方面，花旗放弃了普林斯刚上任时的清心寡欲政策，开始大举收购。花旗的资产因此迅速膨胀，2003年底为1.2万亿美元，到2007年底已增至2.3万亿美元。

花旗早已忘记身后那条如影随形的毒蛇——风险。到2007年9月，花旗的一级资本率已跌至7.32%。截止2007年底，花旗的信用违约掉期合约已达到3.7万亿美元，相当于全球市场的6%。花旗信用违约掉期合约价值的略微波动都可能造成数十亿美元的亏损或盈利。到2008年初，花旗的抵押业务仍在增长。

终于，毒蛇的淫威爆发了，毒液深深地注入花旗的体内。花旗两眼翻白、脸色发紫、躯体僵硬。从2007年7月次贷风暴开始到2008年第二季度，花旗因高风险担保债务权证和杠杆贷款损失了330亿。相比之下，JP摩根仅损失了50亿美元，因为摩根有效规避了次级担保债务权证的风险，并2006年底开始抛售其持有的次级债。

律师出身的普林斯身心俱疲。在饱受批评和非议之后，2007年底，普林斯含恨而去，让位于潘伟迪。现年52岁的潘伟迪被认为缺乏冒险性格。鲁宾就曾认为潘伟迪这种性格不太好。潘伟迪上任后迅速组建了新的风险控制班子，任命49岁的布莱恩·里奇为首席风险管理官，而布莱恩·里奇是其心腹之一。

留给人们的疑问是，为什么在风险方面主张“节欲”的普林斯最终却走向“纵欲”的道路？有人分析认为，鲁宾在其中的作用不可忽视。

鲁宾被认为是一位智者。早在多年之前，他就曾经预言金融危机会频繁发生。然而，这位智者同时也正是风险爱好者。在他的推动下，花旗的交易员变得更加激进。花旗在2004年和2005年初交易风险增加的背后，都有鲁宾的支持。当然，没有证据表明，他直接推动花旗进入担保债权凭证领域，而他本人也声称对这种金融产品知之甚少。那么，为什么这样的一位人物却会如此的非理智呢？在花旗变成逐利狂欢乐园的过程中，身为顾问和花旗董事会重量级人物的鲁宾又起了什么样的作用呢？

漫无边际的收费
——家乐福败在中国

一位大型企业负责人直言，“几乎所有的人都已经不能指望在家乐福挣多少钱，但都在那里硬挺着，抢市场占有率、辐射率，做产品形象宣传，为树立品牌服务。连我们都感觉很难，何况是小厂家？供应商几乎是百分之百不满意，现在已经激起众怒，总有一天，大家都走投无路会站出来维权。”

当年，家乐福带着先进的管理模式、购物机制进入中国，受其吸引，厂家心怀梦想纷纷与其合作。然而，时至今日，当初慕名而来的供应商，却被家乐福漫无边际的收费，压得喘不过气来……

谈起国内厂、商之间的紧张关系，就绕不过家乐福。

厂、商关系的一次标志性事件2003年6月上旬，“炒协”旗下阿明、台丰、洽洽、正林、阿里山、大好大、小刘等9家与家乐福有业务往来的常务理事会企业向家乐福暂停供货。而对于此次“炒货风波”，业内专家均认为这是中国零售界具有“标志性”意义的事件——供货商第一次以行业协会的形式向国外零售巨头叫板。

事实上，对于这场风波，连家乐福也不得不承认这是其进入中国以来遭遇的最大一次危机——“炒货风波”刚起；紧接着，造纸业“半途杀出”，使家乐福再度被推到了风口浪尖。尔后，炒货风波“跨”出上海，南京家乐福也遭“讨伐”。没过多久，家乐福低价搅局惹恼春兰空调，后者扬言要给予家乐福高达5万元的重罚。最终令双方颇深的积怨爆发的直接导火索是家乐福没有答复炒货协会提出的“11条建议”。上海炒货行业协会与家乐福就“进场费”问题的谈判，是希望借此建立一种“双赢”模式。他们向家乐福提交了“11条建议”，内容包括：新一年合同的费用应在原有基础上下降50%；不得单方面取消条码；缺货的扣款处罚应与退货比例呈对等；退货价格应按进货价格计算；所有收费价格应是含税的等。但家乐福对“11条建议”不予答复，理由是70%供货商已与家乐福签订合同，收进场费属合同内行为。

家乐福所称的合同，实际上是一份“不对等”的合同，炒货协会称之为“马关条约”：签的话，你就亏损；不签的话，你就被清场。这成为他们即使感觉被“压榨”也不肯轻易退场的原因，而随着矛盾的积累与激化，一场由炒货协会“揭竿而起”的对垒由此爆发。本是唇齿相依的供货商和零售商，如今却为一个“进场费”不惜当众撕破脸，家乐福的进场“门槛”到底有多高呢？

上海炒货行业协会秘书长列举了家乐福各项费用：法国节日店庆费、中国节庆费、新店开张费、老店翻新费、新品费、堆头费、补差价……共计20多项。沪上有家著名的品牌炒货企业，他们一年在家乐福的销售额高达1200万元，但由于家乐福高额的收费，致使该企业每年因此亏损100多万元。无奈，该企业只能通过裁员以降低成本，然而，即便企业每年减员100人也无法补上亏损。炒货作为附加值很低的行业，背着这么多费用，结果给家乐福供货的炒货企业没有一家盈利。上海炒货行业协会会长算了一笔账，一斤瓜子如果有1元钱利润，则农民应该得到1角钱，供应商应该拿到1角，家乐福可以拿到8角钱。但目前的现状是，家乐福要拿到1.2元。假如上海其他大卖场也像家乐福那样跟风追加附加费，那么炒货企业“玩”不了多久就会一个个全完蛋。

宿久的积怨似乎都找到了喷发的泻点，在这场被有的供应商称为“革命”的冲突中，也颇具“敲山震虎”的意味：他们“敲”的是最早引入“进场费”模式的家乐福，想“震”的则是同样也在大肆“学样”的其他众多超市卖场。盘剥供货商的原罪来自家乐福，为什么一粒小小的瓜子引发如此大的风波？

家乐福在回应上海事件中的炒货协会时，曾一如既往的坚称收取通道费是国际惯例，认为进场费等问题在全世界都存在，自己只不过是将这种方式移植到了中国。在家乐福刚刚进入上海的时候，收费并不高，有很多费用都是在供应商大量涌进的1998年之后才增加的。言下之意，“国际惯例”只不过是家乐福的傲慢托词，是它坐地起价的强盗式逻辑。赢利是企业的天然使命，而到底通过何种途径达到最大化的赢利，这不单是一个企业经营理念上的问题（如以优化供应链，降低成本为赢利途径的沃尔玛模式与家乐福向供货商盘剥利润的不同），更与当事双方在市场的生物链上处于什么样的环节、占据什么样的位置有重大的关系。在家乐福看来，在买方市场中，供货商（尤其是广大的中小供货商）受制于销售环节，向强势零售商“称臣进贡”也是符合逻辑的，更何况，家乐福还是强势零售商中的世界强者，即使仅以中国为限，其2002年110亿元的销售额在国内零售业中也是凤毛麟角，难有比肩者。这为“国际惯例”做了很好的诠释。因为，所谓惯例往往指的就是游戏规则，所谓规则，除了政府职能部门出台的法律法规外，就是强“欺”弱、大“吃”小的商业通则了。如此，家乐福是在按商业世界的游戏规则行事。只要供货商们还舍弃不了家乐福，就会存在一场天平难免倾斜的持久博弈，它们也就难免不受家乐福国际惯例的“制约”。在沸沸扬扬的上海事件中，受尽“国际惯例”水涨船高、变本加厉之苦的供货商们的冤述引出了这样一个话题：正是家乐福将无休止地盘剥供货商，收取通道费、转嫁经营风险的赢利方式率先带进了中国，才导致了国内零售业的纷纷效尤。

因此，按这种逻辑推断下去，家乐福就是国内零售商向供货商收取“通路费”的始作俑者，是致使“通路费”在国内零售业大行其道的原罪。家乐福的符号化是必然的。人们有理由把“通路费”的原罪加到家乐福的头上，因为全球第一大零售商沃尔玛却没有收取“通路费”。通路费只是家乐福盘剥供应商一种典型的方式。另一种更为隐蔽的是，家乐福在进货上可谓善于向供应商“借鸡生蛋”，它与供应商签订的合同付款条件为“月结60天数”，以借此吞吃供应商的流动资金，利用供应商的资金周转，从而相应的大大节约了自有流动资金的占用成本。而供应商也只得眼睁睁地看着自家“母鸡”生的“蛋”让人家给掏走。对于各种指责，家乐福都统统以“国际惯例”一言以蔽之。其实，所谓“国际惯例”是实行订单生产或买断经营，收取很高的费用。这样，商业发展的集中度提高，可以降低成本，增强竞争力，工商关系也会越来越紧密。而家乐福的所谓“行规”实质却是商业资本大量占用供应商资本来加快自身扩张，利用收取各种费用办法和占用供应商的大量资金从供应商处赚取利润。昂贵“进场费”困扰幼稚民族工业“炒货风波”发生的背景是，家乐福在2003年开始对其采购政策进行调整。据悉，作为当时中国最大的外资零售商，从2003年1月开始，家乐福中央采购集权全线下放。家乐福中国的采购流程调整为，比如：第一类商品为少数全国谈判商品，仍归以总部商品部为主体的中央采购系统（如对于重要生意伙伴比如宝洁，采取全国谈判）；第二类是以区域中心市场为主的区域采购系统，主要供给本区域店铺，基本上全部是国产商品。这部分产品以生鲜类和大部分快速消费品为主。区域中心和店铺拥有权利以后是否会滋生采购腐败？这样的话，中国供应商在与宝洁等大型国际品牌在零售通路上就进入不公平竞争的怪圈。商业机器以这种不正常的工商模式加速运行着，外资巨头主宰着这场商业圈地运作，流血的最终却是本土中小制造商。可悲的是，尽管这些供货商怨声载道，但对外资零售商却敢怒不敢言，怕得罪了他们，断了自己的生路。正是这种懦弱，造成外资零售业更加有恃无恐。家乐福就这样掐住了供应商的“七寸”，使得供应商进入卖场没有钱赚，不进的话也没钱赚。“如果退出家乐福，总体销量就要下降，公司总部会处罚我们。如果被清场，要失去整个公司总销售额的20%～30%。”一位供应无奈地说。

娃哈哈掌门人宗庆后在许多场合亦表示，“通路费”将直接导致国内的供应商没有利润可图，资金周转不灵，扩大再生产受到威胁。按理说，对于由于家乐福提高收费而导致的亏损，供货商总可以做到“惹不起，躲得起”吧，那么，为什么在与零售商的较量中，供货商仍然显得“底气不足”呢？家乐福只有一个，而可以取代自己的供货商却有很多。在销售渠道缺乏多元化支撑的情况下，退出家乐福的中小供货商们，岂不眼睁睁地看着对手抢占自己的市场份额？因此就产生这种景象，身陷其中，常年亏损，心有不甘。以阿明瓜子的三明公司为例，其产品在全国销量位列前茅，但就是在家乐福赚不到钱，进入家乐福6年间，投入2000多万元，换来的却是平均每年亏损100多万元。既然如此，三明公司为何不趁着“上海事件”退出家乐福呢？因为“前几年投入的这些钱就永远拿不回来了”。

这些就是上海炒货行业协会成员为什么会由当初的集团撤货，到暂时停止供货，再到没有取得什么大的胜利就恢复供货的主要原由。向日、韩学习同在中国市场一路高歌猛进相比，家乐福在韩国、日本的日子并不好过。2006年，家乐福全球总部公开出售在韩国苦心经营的32家门店，决定退出韩国市场。这与2005年家乐福败走日本的情况如出一辙。有说法称，家乐福是由于经营不善而战略性地收缩市场。其实不然，家乐福模式在日本、韩国市场不能像中国市场一样收取“进场费”，这一大利润来源被切断。目前在中国市场，家乐福向供应商收取的“进场费”对其利润的贡献率达到了50%以上，其盈利模式并不倚重商品的进销差价。这主要取决于相对中国上千家规模不大的供应商，家乐福在谈判中显然处于强势地位。

与之形成鲜明对比的是，日本市场的供应商家乐福却“得罪不起”。日本的制造业主要从事产品的研发、生产和品牌的推广，所有的中间销售环节主要集中在几十家大型的经销商手上。因此，家乐福模式中原本的各项费用收取难以实现，其低价策略也发挥不了优势。另一方面，家乐福模式在日本、韩国法制健全的市场，遭遇了来自市场、政府隐性或显性的抵制。在韩国，家乐福曾经由于“乱收费”以及拖欠供应商货款等原因受到政府的调查，并累计被罚款上亿美元。但中国政府对家乐福却总能网开一面。如曾在家乐福上海某门店发生出售过期肉事件，有关政府人士表示最多只能处以1万元的罚款。

对于上海“炒货风波”，上海市政府的相关部门虽然先后介入此事，但态度始终不够明朗。产生这种待遇上的悬殊，要归因于中国现代商业环境不成熟，市场法制不健全，政府管理不到位。在家乐福的压榨下，毕竟还是有些供应商已经觉醒。上海炒货业在经历种种阵痛后，勇敢地向家乐福说“不”，不再忍受强加在他们身上的各种附加费，断然停止向家乐福供货，这一举动无疑是一种宣言，一种不畏强势、维护自身权益、维护本土企业权益的抗争，为众多的企业起到了示范作用。而随着中国流通市场的法制化和诚信环境的建立，家乐福模式也必将面临调整。

模式战略的错误
——昔日春兰不再

昔日王者春兰今天正处于尴尬境地，失信渠道，急于多元化，体制缺失……风光不再，春兰何去何从？昔日空调冠军春兰，如今默默地等待着将来未知的命运一位行家认为，春兰失败关键还是其盈利模式存在问题，春兰高层的思维没有跟上外界环境的变化。当然，不排除MBO一旦成功之后，可能会导致春兰管理层的思维改变得更快，但是管理只是一个方面，盈利模式、经营战略才是首位的。

作为春兰空调的载体，春兰股份已经发布了2007年重大亏损的业绩预告。一旦4月26日其2007年年报公布，春兰股份将因连续3年亏损而暂时退市。如果它2008年上半年盈利或者其大股东春兰集团拿出有效的重组方案，它将可以保住上市地位，否则可能就会从国内资本市场陨落。

一代民族品牌春兰，为什么风光不再？

讲到春兰，不得不提到陶建幸。1985年10月，时年32岁的陶建幸被任命为泰州冷气设备厂厂长（春兰集团前身）。次年，该厂实行厂长负责制，陶建幸一下子就令工厂扭亏为盈。经历15年风雨，陶建幸使这个资不抵债、总资产仅200万元的泰州地方小企业，快速成长为一个总资产100多亿元的中国著名大公司。2000年，春兰集团销售额达185亿元，利税率位居中国家电行业前列。

1994年，春兰成为中国最大的空调生产基地、世界空调七强之一，成为中国民族品牌的一面旗帜。

春兰当时之所以能异军突起，是基于它在中国空调导入期对市场机会的敏锐把握。在20世纪80年代末、90年代初，当时中国市场上的空调主要是进口机，陶建幸采取“让开大道、走两边”的策略，那时进口窗机的功率多为两匹机，主要用户一是宾馆、二是计算机房，而两匹机对于宾馆的房间而言太小，对于计算机房又太大。于是，春兰引进一匹和三匹的窗机。而且，春兰空调的产品质量过硬，外观又好，并率先打广告，因而迅速成为“老大”。

而且，春兰十分注重品牌建设。从1999年起，春兰就开始冠名世界职业围棋锦标赛，“春兰杯”即使在公司出现困难的今天仍然没有中断，至今已成为国内外围棋界的知名品牌。这为春兰的国际化、多元化打下了品牌基础；另外，春兰很重视质量，在老用户中保持了良好的口碑。以至于到2006年1月，春兰仍然在“中国100最具价值品牌”排行榜上占有一席之地。

可惜，登上胜利之巅时，春兰却对新的变化不再敏感了。

1987年，春兰在中国家电行业率先推行“市场销售代理制”，那时许多商家都靠春兰“发了家”，包括如今的家电连锁大鳄苏宁电器。

1996—1997年前后，那时春兰的渠道模式仍采取经销商大户制。中国空调业从导入期进入成长期，竞争变得激烈，开始打价格战，行业利润迅速下降。春兰亏损后向经销商要利润，原来承诺的返利没有给经销商，而格力却乘势增加对经销商的返利。结果，春兰空调的经销大户全部倒戈、转投格力，成就了格力后来的霸业。

1997年，连续多年位居空调老大的春兰“皇位”不保，后来春兰甚至被挤出前三。春兰空调只好发展自己的网络，固守一方。陶建幸也把更多的精力投入到春兰的多元化之中。

至今，经销商心中的伤痕还在。春兰2006年、2007年再次推行渠道改革，增加自建售点5000个，并从“经销制”改为“代理制”，但效果没有迅速体现。一位浙江的空调经销大户说，这是春兰多年积累下来的问题。春兰以前当“老大”的时候，不顾经销商的利益，不规范。“卖它的空调不赚钱，经销商的积极性自然不高，没有主推的动力。”

所以说，2005—2007年春兰股份连续3年亏损，“祸根”其实10年前就已埋下了。

而陶建幸培育多年的春兰多元化项目，也未能在最艰难的时候“反哺”空调主业。

1995—1996年，春兰推出第一个五年计划，确定“立足空调产业，进行产业扩张，形成多元经营框架”。春兰的触角随之延伸到冰箱、摩托车、卡车、高能电池甚至液晶显示器。

陶建幸曾向外界透露过他的想法：“20世纪80年代末、90年代初，春兰做家电狠狠地赚了一把，1年赚了几十亿元利润。”但是，“美国、欧洲一些大的家电企业做大后，最终逃不过两个结果：要么灭亡，要么惨淡经营。”中国加入WTO后，“将很难见到单一的家电企业，如今的家电企业都在向多元化方向发展，像GE、西门子、松下这样的跨国性大公司将越来越多”。

因此，在其家电业发展处于高峰期时，陶建幸就下定决心将从家电业中赚取的大量资金转移到其他行业中。1997年11月，春兰集团以7.2亿元收购了南京东风汽车公司，组建春兰汽车有限公司，从此进入汽车行业。

10年过去了，陶建幸那时的思考可以说“只对了一半”。

首先，他并没预见到空调在中国进入普及期之后保持了多年的继续增长，如果春兰在原来行业第一的基础上“扎硬营”，对空调产能、渠道模式、技术研发等多方面追加投入从而扩大优势的话，那么今天享用空调业“寡头竞争”美餐的可能就不会是格力和美的。

其次，春兰的多元化“四面出击”，几个项目都蜻蜓点水、规模不大，欠缺抗风险能力。2006 年，春兰股份旗下的洗衣机、压缩机业务收入均不足 2000 万元。2002 年至 2004 年前后，汽车业务曾为春兰集团带来“第二春”，春兰“重卡”一度杀入国内同行前五名。无奈“重卡”行业 2005 年风云突变，春兰汽车好景不再。

2000 年，陶建幸成为春兰集团首届董事局主席兼 CEO 之后，励志改革旧的激励机制。在国内率先提出了 MBO 方案——从企业净资产中拿出 25% 量化给员工（含经营层），其数量约 12 亿元，员工须以现金购买股份；员工在购买股权的同时获赠同样数量的干股（分红权）。

陶建幸作为一个强势的企业家，希望通过体制突围，激发企业员工的内在潜能，使企业走出新天，无奈该方案后来被“叫停”。

春兰明显缺乏激励的一个例子是，2004 年春兰股份薪金最高的前三名高级管理人员的报酬总额仅为 21.4 万元，即平均每人的年薪只有 7.13 万元。

有人不无惋惜地说，如果春兰 MBO 没有分配干股这一项；如果当时没有那么高调，可能就成功了，那么春兰就不会有那么多的人才流失，也不至于到今天的地步。

品牌的意外跌落
——杜康酒

古话说的好，“合久必分、分久必合”，对于三家杜康无疑具有更重要的意义！这也是三家杜康未来发展的上上之策，是对杜康品牌的最大贡献。杜康品牌统一之时，也必将是复兴开始之时！

杜康酒，一个拥有悠久历史的白酒品牌，因中国白酒始祖杜康而得名，更因三国曹操一句“谁能解忧、唯有杜康”而广为流传，并风靡大江南北，在20个世纪品牌价值就高达50多亿，位列中国品牌白酒前列。

但近些年，这个著名品牌却因陷入商标之争意外跌落，甚至有些销声匿迹。如同国内多个地方争论赤壁真正所在一样，杜康商标也陷入了这样一种纷争迷局。目前伊川杜康、汝阳杜康、白水杜康都在争夺杜康商标。

杜康村、杜康仙庄位于汝阳县，和伊川县交界处，两兄弟县先后建厂，经济稍好一点的伊川县先一步有商标的意识，首先注册了“杜康”商标，由于是计划经济时代，大家都没太在意，商标由两兄弟使用，后来认识到商标重要性的汝阳县以“汝阳杜康”的名称也向工商总局申请了商标，并得到了批准，而后来白水杜康也参与进来，引发了长达十几年的商标官司。

这种商标之争也让杜康陷入了集体困境，谁都没得到好处，如今杜康的品牌价值已经从50多亿贬值到了1亿多，到了生死存亡的关头。

杜康何时摆脱商标三国之争走上复兴？

杜康今天的商标纷争，犹如一场是现代版的三国之争！

首先来说伊川杜康，拥有杜康商标的所有权，对市场竞争有很大的优势，像极了曹操拥重兵在天子脚下，挟天子以令诸侯，大有一统天下之势，但进展并不顺利，近年来的几场官司，劳民伤神、耗空了国库（杜康的品牌价值）可以说是得不偿失！

再说白水杜康，犹如偏离中原的东吴，想在虎口夺食，但不擅长远征，又苦于没有合适的机会，（不过现在随着汝阳杜康的破产、重组，机会总算来了，就看白水怎样去把握了，如有善战的将军带队，相信在兵家必争之地的中原，很快会多一面白水的大旗。）

剩下的汝阳杜康就是刘备阵营了，有着正宗的皇室血统（主要是有杜康仙庄等古迹），但起步稍晚了一点，导致现在处处挨打、被动的局面，不过破产、重组为汝阳杜康迎来了新的发展契机，大家都知道，刘备能在三国的特殊时期称王称霸，主要有各怀绝技的人才优势：能掐会算的诸葛亮，骁勇善战又忠心耿耿的关羽、张飞、赵子龙等。汝阳杜康的新东家会怎么做，值得拭目以待！

古话说的好，“合久必分、分久必合”，对于三家杜康无疑具有更重要的意义！这也是三家杜康未来发展的上上之策，是对杜康品牌的最大贡献。杜康品牌统一之时，也必将是复兴开始之时！

当然现阶段看来，马上走到一起不太现实，三个兵团都有着雄心壮志，谁都不愿意认输。怎么办？打吧！新的三国战争还要上演了，但这样继续折腾下去无疑对谁都不好！

其实三家要有放眼天下的目光，不要把这场利益争夺战打成一场消耗战啊，否则三败俱伤！

走私的代价
——富士败局

这是一个最早进入中国感光材料市场的先行者，从20世纪80年代开始，富士在中国市场就是胶卷行业的“天之骄子”。曾经一度成为中国消费者照相的首选胶卷，可谓是风光无限；可就是这样的一家前途光明的企业，在与竞争对手柯达的竞争中，因自身战略失误的原因市场失利时，却铤而走险，走上了一条危险的道路。

“走私”这个危险的字眼如今被安在了这家盛名远播的世界级大型跨国公司的身上，令它炫目的光环显得有些黯淡……

2003年年初，突然爆出世界著名的胶卷公司日本富士公司“涉嫌走私”的猛料，虽然在此前业界对此有所风闻，但是仍然令人大吃一惊。

富士胶卷公司于1934年创立，其前身是大日本塑料的“胶卷试验所”。1919年开始研究制造胶卷的技术，1922年开始研究感光乳剂，1925年在积累照相工业经营诀窍的同时，成立了“胶卷试验化所”，正式开始研究制造胶卷。

1976年9月，该公司发表了高感光度彩色胶卷F－Ⅱ400新产品，而柯达公司于1977年5月才发表同性能的产品，这比日本另一家小西六照相工业的产品还晚两个月。

20世纪80年代初，富士进入改革开放初期的中国市场。

在从20世纪80年代到90年代中叶的这一段时间里，富士在中国市场有过不俗的表现，在20世纪80年代至90年代中期，在中国消费者中家喻户晓，市场占有率一度达到70%～80%左右，当之无愧地成为中国胶卷市场的第一品牌。

可是厄运到底还是不可阻挡地出现了，由于与柯达市场竞争的失利，富士竟然开始了从境外走私胶卷，逃避关税，最终被政府有关部门给予处罚。其品牌形象受到了损害。

据政府和媒体的调查显示，富士组织走私胶卷的事实已经是证据确凿，中国政府有关部门对此也做出了反应，富士走私的后果虽然不至于使它失去中国市场，但有一点起码是肯定的，那就是从此以后，富士的产品要从国外进入中国市场将要比以前花更大的代价。

而柯达呢，由于其由来已久的政府公关战略所带来的裨益，在中国市场的竞争力较之现在的富士似乎又强了几分。

那么到底是什么原因导致富士这次在中国市场败走麦城呢？客观的原因我们可以罗列出很多来，但是主观的原因恐怕还是因为富士国际营销公关战略决策的严重失误而造成的。

第一，在中国感光材料行业全行业亏损，中国政府急需跨国公司的资金和技术对中国感光材料行业进行全行业整合之时，对于任何一家有实力的跨国公司来说都意味着极大的市场机会。

无论哪一家企业与中国政府达成此协议，都非常明显的能够得到中国政府在政策、融资等方面的大力支持，从而获得极佳的发展机遇，登上中国感光材料行业当之无愧的老大地位。

如果当时富士果断地做出决策，接受中国政府的合资条件的话，那么乘着当时富士在中国市场的既定优势，今天的胶卷业霸主就可能不是柯达而是富士了。可是富士却自以为得计地白白放过了这一难得的战略机会。

富士拒绝合资的根本原因可能是富士当时对中国感光材料市场的增值潜力估计不足。并且，富士对于中国政府开出的全行业合资需要投入的巨额资金感到“恐惧”，害怕投入巨额资金后这些企业的效益难以提升，使得自己的投资难以收回。因此富士拒绝了中国政府伸出的“橄榄枝”。

第二，急于从柯达手里夺回失去的市场份额，因此利用自己通过走私偷漏关税获得的成本优势，在柯达与中国政府签订的“98 协议”到期的机会在中国市场进行大幅度、大范围的降价，试图通过降价手段快速拉拢顾客，占领更多市场份额。

但是正是由于富士的这次有些“冲动”的带有倾销性质的降价风潮，不但激起了包括柯达、乐凯在内的同行的愤怒，迫使本来希望行业互相包容的其他同行一怒之下，群起向政府报料，揭露富士的走私内幕。

这样的降价风潮，令中国政府有关部门对富士的“倾销”行为产生怀疑，从而点燃导火索，引爆了调查富士涉嫌参与走私的内幕。应该说富士的这次“冲动”的行为是导致其失败的最重要原因。

第三，富士的政府公关失策，当时公元厂的巨额亏损迫使该厂领导专程去日本向富士求援，富士无动于衷。

在与柯达达成合资协议的仪式上，朱镕基总理亲自主持揭牌从某种角度来说，其实表明了中国政府的态度，相信政府的“重量级”举动同样使得富士多少会感到有些“酸溜溜”的。

从发展国际生意的角度来讲，在事后，富士也没有主动进行有效的政府公关，缓和与所在国政府的关系，减少一些不必要的前进障碍，因此我们不能不说这是富士在国际营销公关上的一次重大失策。

第四，富士危机公关的错误，2001 年 11 月 13 日，乐凯牵头，在北京人民大会堂举行了联合承诺仪式，向所有的消费者保证，当时，柯达、柯尼卡、爱克发等厂家都到场签字，富士公开提出必须修改“联合承诺”。

因此富士的这次错误是相当致命的，毫无疑问，由乐凯牵头的“联合承诺”无疑从某个角度来讲代表着政府的意志。但是富士却公然表现出强硬的态度，非常明显，这种强硬甚至带着公然挑战“游戏规则”的意思。

就在媒体曝出富士涉嫌走私的内幕调查，并且证据确凿的时候，富士没有立即启动“危机公关”程序，立即停止“倾销”，而且也没有与媒体照会，进行舆论澄清；更没有积极与中国政府主管部门接触以求获得谅解。

应该说富士的这个错误是极端致命的一个错误，也许就因为富士这次的“强硬”激起了包括政府在内的气愤，从而使富士最终“自食其果”。

富士事件发生后，关于富士失利的原因在业界是“仁者见仁，智者见智”，众说纷纭。从国际营销战略公关的角度来看，无论从政府公关还是同业公关，抑或是媒体公关，富士都呈现出明显的短板。

跨国并购的失利
——TCL 与汤姆逊的合作

中国企业要打量法律环境的适应能力。尽管我国的法律在不断完善，法治化的环境也在逐步成熟，但当中国企业走出国门，进入法律机制比较健全、维权意识较强的环境时，对所在国法律环境了解的程度不足以及法律环境适应能力的不足已经成为中国企业展开国际并购的额外风险。贝可·麦坚时国际律师事务所葛向阳介绍到，“企业在收购外国公司时应当首先了解一些法律方面的首要事项。”事实上，TCL 在新组建的合资公司中，“招人招不到，裁人裁不动”的处境就印证了这方面的观点。这也就从一个侧面说明了，当中国企业开始实行跨国并购时，首先需要了解被收购公司所在国的法律环境，其次，还需要评估自己能否适应这种法律环境。假如事先不做了解，贸然行动，企业将会面临很被动的管理风险。

2004 年 7 月，相隔现在已经许久。但在这个月里所发生的事情，还在困扰或影响着 TCL 的发展。

那一年的那一个月，相对于 TCL，乃至整个中国企业界来说，都是一段值得珍藏的时光。鲜艳的五星红旗在汤姆逊欧洲总部徐徐升起，并伴着微风飘扬，全球最大的彩电生产企业 TTE（TCL-THOMSON 合资公司）终于成立。面对此情此景，年已不惑的 TCL

掌门人李东生潸然泪下，“那种内心的冲动，那种民族自豪感不足以用语言表达。”因为这是有史以来，中国企业首次通过海外合作来改变全球产业的格局。

在TCL的发展上，李东生一直都秉承着“大不一定强，但不大一定不强”的理念。所以，当TCL在国内市场已较具规模时，李东生就开始策划着漂洋过海的旅程。2002年10月，TCL花费820万欧元收购了德国破产彩电厂施耐德，2003年初又买下美国彩电销售商高威达公司，但李东生对此并不满足。而是继续用着鹰一般锐利的眼睛，搜索着TCL远洋航行新的着陆点。

时间步入到2003年年尾，彩电巨头汤姆逊传出合作信息。一心想在欧美市场扩张的TCL终于遇到了一个千载难逢的机会。在仔细盘算一番后，李东生决定与汤姆逊展开谈判。“汤姆逊这个机会对我们来说是唯一的。”这是李东生当时的评价，在他看来，汤姆逊是一个再理想不过的合作伙伴，有品牌，有生产线，有研发能力，这些都与TCL正好形成了互补。基于这样的渴求，谈判进展得非常快，2004年1月，TCL与法国汤姆逊签署合作协议，2004年7月29日，由TCL出资占67%的股份、汤姆逊出资占33%的股份的合资公司TTE正式成立。根据当时的规划，新成立的合资公司TTE的年总销售量将超过1800万台，成为全球最大的彩电供应商。

这或许满足了李东生造全球最大彩电生产企业的梦想。但很多人也为李东生捏一把汗。因为根据汤姆逊2003年度业绩报告显示，其彩电和DVD等电子事业共亏损了1.2亿欧元，过去两年的亏损总额已达到了2.61亿欧元，而按照TCL集团“2003年年报”显示，TCL全年净利润只有5.71亿元人民币，这也就是说李东生如果不能使TTE在较短时间内赢利的话，TCL将会面临着由国际化前驱变成先烈的风险。不过，李东生对此充满信心，“我可以很负责任地说，18个月后TTE能赢利。”

然而，接下来的事情，显然事与愿违。在18个月期限还未到期时，李东生就遇到了许多棘手的工作。由于当时谈判略显仓促，合资成立的TTE并没有获得汤姆逊的电视销售渠道，这对新公司的市场拓展带来了很多不便。此外，还有人员问题，这也是TCL没有想到。当时TCL就面临着“裁人裁不动，招人招不到”的尴尬。一方面，由于彩电业在欧洲属于夕阳行业，很多年轻人都不愿意进来，而另一方面，由于法律约束，五十来岁的人一裁就须一次性支付9年的年薪，这对合资公司来说，根本就无法承担。所以，当时，TCL自己的经理人在英语都没学好的前提下就被派往了海外前线。更致命的是由于市场判断失误，平板电视在一两年内开始取代CRT彩电，成为市场的主流，这就意味着通过与汤姆逊合作而获取CRT彩电霸主的地位，已经变得毫无意义。

在这种背景下，盈利自然是难上加难。2005年，TCL在国内是一片盈利之声，但TTE的实际亏损却超过了7000万欧元。2006年8月30日，据当时所承诺的18个月盈利已过大半年，TCL集团发布2006年半年度财报，财报显示，TCL上半年利润亏损7.38亿元人民币，亏损同比增加近6.5%。对此，李东生无奈地表示：“主要是TCL多媒体欧洲彩电业务和欧洲市场本身亏损所致。”

扬帆起航的环球之旅在磕磕碰碰中前行，李东生在这次磕碰中经历了炼狱般的考验。

远离主业的多元化
——李如成和雅戈尔

李如成曾经表示，自己到60岁就退休，也就是2011年，而如今雅戈尔也从1979年的知青们工作的作坊式的青春服装厂走到了而立之年。李如成的确创造了一个奇迹，至少在过去的三年里人们已经将雅戈尔等同于一个实业家的神话。然而，“任何被视为奇迹的事物，往往都很难持续，因为他来自一个超越了常规的历程，身处其中的人们，因此而获得巨大利益的人们，每每不可能摆脱那些让他们终身难忘的际遇，他们相信那就是命运，他们总希望每次都能红运高照，每次都能侥幸胜出，最后，所有的光荣往往枯萎在自己的光环中。”

“李如成和他的雅戈尔是中国2006到2008年这几年中国企业家的浮生像的缩影，有太多的故事。”一位研究企业史的专家如是感叹。

知名财经作家吴晓波曾指出：“任何貌似理所当然的神话，往往都是不可信的，越是无懈可击，往往越值得怀疑。我们从来都相信，事物的发展是粗劣的，是有锋芒和缺陷的。”

连雅戈尔董事长李如成自己都没有想到，2006—2007年的幸福会突然砸到自己的头上，“做三十年制造业也挣不到这么多钱，”一向低调的李如成不禁为突如其来的幸福喜形于色。据说，当一位财务咨询机构的人士在2007年初见到李如成时，也惊讶于李的这种巨大变化。这一切源于雅戈尔在资本市场上200多亿的丰硕战果。

雅戈尔成功于服装业，成名于资本市场，虽然后来连李如成都承认这些资本市场的收获的确大多在意料之外，一方面是很多投资碍于政府的情面而进行的“照顾性投资”，另一方面作为实业家没有想到资本市场的巨大的短期爆发力。

很多雅戈尔后来的“成名作品”都可以追溯到十多年前，也就是20世纪90年代后期。彼时，国有企业的改革浪潮正进入第二波，作为宁波工业名家的雅戈尔责无旁贷地承担起相应的龙头企业责任，于是，当时已濒临破产的国有企业广博集团和宜科科技便被交于雅戈尔旗下。1997年，宁波商业银行重组，在市府的牵头下，雅戈尔作为实力股东又参与其中。而投资中信银行则更是具有偶然性色彩，1998年雅戈尔上市后，手中有钱的李如成准备寻找新兴的投资项目，由于对证券业的兴趣，加之中信证券的良好股东背景，于是便顺势而入。

转型期的中国市场总是个奇迹和惊喜不断的生产地，即便是深处其中的当局者，也不会想到昨天、今天和明天的天翻地覆的变化。当中国的资本市场经历了令人窒息的“疯狂熊市”后，进入了又一个“疯狂”阶段。A股市场从1000点开始一路冲高，2007年大盘一举冲过6000点，无数的中国股民在瞬间经历了冰火两重天的感觉，很多人回忆起当时的情景大有“两世为人”的感叹。

而雅戈尔十多年前的无心之作，此时也已经展露出惊艳的表现。2007年1月，广博股份登陆深圳中小企业板，5月升到第一个高点16.85元，雅戈尔的持股成本为1.52元。2007年7月19日，宁波银行挂牌上市，成为国内第一批上市的商业银行，股价不到10日涨幅就超过200%，而雅戈尔当年投资成本不过每股1.01元。

中信证券更是雅戈尔的代表作。进入时，雅戈尔的持股成本为

1.7 元，总投资成本不过 3.2 亿元，2007 年 10 月，中信证券曾最高升到令人咋舌的 116.55 元，收盘于 105.93 元，雅戈尔的账面收益放大了 62.31 倍。即便是在 2000 多点大盘的今天，中信证券收盘于 23.14 元，雅戈尔账面收益也放大了 13.61 倍。

于是，雅戈尔度过了一个盆满钵溢的 2007 年，在这一年的财报中，雅戈尔宣布其营业利润比去年上涨了 259.87%. 巨量放大的财富让李如成有了足够的施展手脚的机会，他也从中看到如果投资能够当做一个产业来做的话，那其收益将是做实业所难以比拟的。于是，李如成将纺织服装的业务交给了李如刚，房地产业务交给了蒋群，自己带着女儿李寒穷开始专注于股权投资，这个一向低调的掌门人也喊出了“拿着一百亿找项目”的豪言。

2007 年不仅是中国股市的疯狂之年，也是房地产市场疯狂的开始，彼时的房价如果用股市的实时 K 线图形容有些过头的话，但用“天”作为房价的计量单位或许是准确的。不用说沿海的一线大城市，就是深处西南的重庆市，2006 年底房价还在 3000 元左右徘徊，而到了 2007 年中期江北区已经达到了 6000 多元。

貌似繁荣、房价“天天向上”的背景下，雅戈尔也在宁波、苏州、杭州相继加冕地王。2007 年初，雅戈尔在宁波买下华辰北 9 号地块，楼面价超出出让底价近 4000 元，甚至高于周边现有楼盘的价格，每亩地价近 700 万元。2007 年 7 月，雅戈尔再一次成了“地王”。在杭州以高出起拍价 8 亿元、楼面价 15719 元／平方米的价格创下了杭州土地拍卖的天价。2008 年 2 月，雅戈尔以 97972.28 万元的价格竞得宁波北郊路以西地块，以楼面地价 13102 元／平方米获得宁波新“地王”称号。

而在股权投资方面，最大的手笔当属 35.88 亿元持股海通证券，成本价为每股 17 元左右。

根据雅戈尔 2008 年中期财务报表，投资收益占其总利润的 54%

(2007 年为 70%)，纺织服装为 19%，房地产为 27%。雅戈尔在资本市场上穿上了最大号的加肥外衣，只是身体的骨架依然瘦小，虽然股权投资和房产为其注入了最快的增肥因子，遗憾的是增肥的更多是脂肪而非肌肉。

“金融投资市场有着太多的不确定性，加之本身我们国家资本市场的不完善，房地产市场又受政策影响太大，所以其中的风险控制远不是李如成能像做服装一样那么驾轻就熟的。”浙江大学一位不愿意透露姓名的教授告诉《当代经理人》。

任何被视为奇迹的事物，往往都很难持续，因为他来自一个超越了常规的历程。2008 年初，美国《商业周刊》公开点名表示了对雅戈尔脱离主业发展的质疑，并用略带嘲讽的口吻表示：“近来，除股票投资业务外，该公司的其他业务都已变得无足轻重。”不幸的是，雅戈尔终于没能承载住如此巨量的资本，当 2008 年下半年中国股市开始了又一次过山车时，雅戈尔这个曾经的资本巨人也急速萎缩，曾被李如成搭建为纺织服装为主、股权投资和房地产投资搭档的三驾马车，两翼同时折断。

在 2009 年 1 月份的股东大会上，李如成公开承认雅戈尔 2008 年投资出现失误，其中在海通证券身上损失了 1 个多亿。或许，情况远比李如成所说的要严重得多，从雅戈尔的动作中便能窥一二。2008 年 12 月 3 日，雅戈尔发布公告，宣布聘请上海凯石投资管理有限公司为雅戈尔提供专业化投资咨询服务。凯石投资成立于 2008 年 10 月，法人代表正是李如成，其管理团队由陈继武（原富国基金的副总裁）、李文忠（基金经理）等一批业内人士构成，而其实际的负责人是李如成的女儿李寒穷。《当代经理人》在上海采访时得知，凯石投资新办公地点也在前几个月搬到了陆家嘴的花旗大厦，将实际负责雅戈尔百亿股权投资项目的打理。一位证券人士对《当代经理人》指出：“不排除这起关联交易会为未来股权投资业务的损失进行转移的可能。”

而其最大的一笔海通证券的投资，在后来派发增持后，已经由一亿股变成了两亿股，持股成本也变为17.89元，雅戈尔此项浮亏已达10.32亿元。加上房地产市场套牢了大量资金，据了解雅戈尔之前拿下的多块地段都处于未开发状态，房市短期内又难以看到上涨的空间，资金压力恐怕不小，要不然，雅戈尔也不会在股市如此不景气的时候，不断地抛售手中目前最佳的资产中信证券，以回笼资金。不久前，雅戈尔又宣布发行20亿公司债券。从2008年第三季度财报显示，雅戈尔账面货币资产为16.849亿元，年初余额为24.928亿元。而其短期借款高达74.373亿元。资产负债率也呈上升趋势，2007年其资产负债率为53.11%，而2008年三季度，已增至62.7%。不少业内人士都表示，这些都证明了雅戈尔的资金压力。

“什么赚钱，就做什么。”这曾经是很多商人或者企业家的共同想法，不少研究者也认为这将是中国实业家不可逾越的一个阶段，“很多人都要经过这个阶段嘛，国外也是如此。”一位业内人士如此对《当代经理人》表示，“李如成也只不过是其中之一罢了，很多做实业的也都在进行实业＋投资形式的做法，比如联想和万向。”

没有人怀疑李如成的智慧，正如一位长期跟踪雅戈尔的咨询人士表示，“李如成在做这些投资时，一定是综合考量了各方面的因素后做出的，以他的性格是善于听人言，但却慎重接受人言的。只是好的运气并没有永远站在他那边。”

郎咸平不止一次地表示，中国的股市和房市充斥着不良的泡沫，而对中国经济最大的威胁是实业环境的恶化。正是这种恶化导致实业家纷纷投身股市和房市。“来钱这么容易，而做制造业又那么辛苦，利润微薄，谁又不去做呢？”上述咨询人士告诉记者，“其实这又回归到了多元化的问题。”

如今的金融危机下，多元化的优势再一次被证实，而对于李如成所期望的三驾马车的架构，本应在这场危机上显现出多元化的成效，然而，事与愿违，如此的多元化却成为如今雅戈尔的最大拖累。“多元化本身没有什么对与不对的探讨，关键在于如何做。”雅戈尔选择了这几年中国最火的股权投资和房地产市场，2007年财报中显示，雅戈尔的股权投资已经占到利润总额70%，2008年中期财报显示，股权投资收益占到利润总额的54%。但按照国际的一般惯例，为了分散金融投资领域的高风险和太多的不确定因素，都努力将金融投资比例压缩，以多元化最成功的GE为例，其将每年的金融收益比例总是保持在40%以下。

世界五百强、与GE一样在多元化道路上很成功的伊顿公司亚太区总裁马凯捷告诉《当代经理人》，“多元化不仅是业务的多元，还包括业务分布区域的多元化，另外还要有根据不同业务在经济周期的不同影响时间所确立的投资多元化。”跨国公司上百年所摸索出的成熟经验当然不是中国企业三十来年就能领悟到的，“让中国企业家在三十年左右的时间走完西方几百年走过的路，确实太难为中国的企业家了。”李如成曾如此对外界表示。

“是该重新思考雅戈尔的多元化方式了。”一位风投人士对《当代经理人》表示，“雅戈尔企业质量很好，但如此的多元化似乎离主业有些远了。”李如成也在用实质性的动作回应人们的质疑，2008年1月，雅戈尔集团并购了美国服装巨头KELLWOOD公司（简称KWD）旗下男装企业新马和SMART，这是一笔1.2亿美元的收购交易，也是中国服装业最大的一起海外并购案。KWD公司在斯里兰卡、菲律宾及中国内地和香港拥有14家生产基地，而最让雅戈尔心仪的是其设计能力与其拥有的美国数十家百货公司在内的销售网络和强大的物流系统。对于急于打开国际高端市场大门的雅戈尔来说，这是一笔划算的买卖。

“一个企业的投资可以凭幸运或者偶然性，但主业的重振一定需要扎扎实实的工作，不能有侥幸的心理。”一位业内人士如此表示其对雅戈尔要振兴主业做法的看法。的确，李如成曾承认，相对于同为新兴经济体的印度，“中国的企业家对于西方的交流和理解太少了，很少了解西方的法律和经营情况。”他的担忧恐怕也将是人们对雅戈尔整合KWD能力的担忧。

人们的担忧或许不仅如此，至少资本市场还会有着更深的考虑。如今，雅戈尔的架构依然是投资与实业并行属于同一个集团、同一个上市公司，“这种架构不利于资本市场对它进行准确定位与估值，对投资者权益、对公司融资开展业务都有制约。”上述投行人士表示。雅戈尔对金融投资业务的分拆恐怕势在必行，曾经传出雅戈尔也要分拆房地产业务，为房产搭建新的融资平台，不过至今未见成行，《当代经理人》对此向雅戈尔求证时亦未得到正面回应。

上海仕格维丽致大酒店为何悄然换牌
——台湾饭店教父严长寿败在上海

上海仕格维丽致大酒店日前悄然换牌，台湾饭店教父严长寿进军上海市场的第一战以失败告终。面对发展环境的变化，企业是应该继续在熟悉领域称王称霸，还是不畏困难，继续开拓发展新空间？严长寿曾这样概括自己的奋斗史，“人无完人，首先每个人要认清自己的优缺点，然后要了解环境，最后能寻找和发挥自我优势。”上海仕格维丽致大酒店换牌仅代表丽致开拓大陆大型豪华酒店市场的一次失败，并不代表丽致从此撤出大陆市场，是在熟悉领域称王称霸，还是不畏困难，继续开拓发展新空间，这是丽致与所有台商都需要慎重思考的一个问题。随着两岸“大三通”的全面启动，两岸经贸关系必将有质的飞跃，但是台商进军大陆市场，依然任重而道远。

2008年底，坐落在上海卢湾区打浦路和徐家汇路交汇处的仕格维丽致大酒店悄然换牌为斯格威大酒店。在金融危机肆虐的今天，一家酒店换牌或关门不是什么大事，而这家酒店换牌为什么会引起这么大的反响呢？原因在于其管理者是台湾饭店教父严长寿麾下的丽致管理集团。人们不免产生疑问，为什么丽致管理集团在台湾风光无限，在上海从酒店开业到换牌却仅用了一年多的时间？

高调开业低调换牌

相比台湾丽致管理集团，大陆民众更熟悉其领导者——严长寿，从“传达小弟”到“台湾饭店教父”的传奇经历，使其成为众多职业经理人的偶像，他所创立的“丽致”品牌也被称为台湾酒店与度假村产业的“核心与骄傲”。

早在几年前，严长寿就已经非常看好中国内地的发展前景，经过四年的酝酿，上海仕格维丽致大酒店的顺利开业成为严长寿进军大陆五星级酒店市场的第一站，备受各界关注。与低调落寞的换牌仪式不同，2007 年 4 月 28 日，上海仕格维丽致大酒店的开业仪式可谓是极其高调隆重。在开幕式上，严长寿手握象征经营权的金钥匙，意气风发地表达了要将这家酒店打造成上海的真正地标，开创一个全新形态服务酒店的雄心和信心。

由于上海仕格维丽致大酒店是丽致管理集团管理的第一家大型的五星级酒店，该集团在酒店的经营管理上倾注了巨大的心力，为了应对不同客户对豪华酒店不断增加的需求，严长寿率先提出“酒店中的精品酒店”概念，在休闲和商务的双重考量下，酒店软硬件设施都进行了一些创新。酒店的客房共有 650 多间，分为 4 个阁段，每个阁段各具特色，不管客户来自地球的哪个区域，他总能在其中找到熟悉的感觉与风格。同时，该酒店集餐饮、客房、健身美容设施于一身，加上“精品酒店”的独特性和人性化服务，很好地坚持了丽致“体贴入心，更甚于家”的经营理念。同时丽致任命具有 30 多年酒店管理经验，丽致重要合伙人朱利安为总经理，负责该酒店的筹备和运营工作。可以说，在开业之初，包括投资方、管理方以及社会各界都很看好上海仕格维丽致大酒店，对其给予了极高的期望。

然而事与愿违，开业以来，该酒店的入住率一直都很低，有时在旺季入住率也会低于20%，即使后来改变了不接待旅游团的做法，也仅达到40%～50%的入住率，无法与其他同档次酒店同期80%～90%的入住率相比。为了提高入住率，丽致多次推出优惠活动，大幅降价，换牌前，部分客房价格最低达到原房价的30%，原来3000多元的高档客房只需要1000多元就可入住，同时团队客一般具有较强的议价能力，造成利润率持续降低。长时间无法达到预期利润目标，致使投资方和管理方矛盾激化，最终在2008年底丽致管理集团与投资方正式解约，退出管理团队。

实力不足撤出上海市场

严长寿领导下的丽致管理集团在台湾久负盛名，不仅在于严长寿的传奇奋斗史，更在于该集团独特的管理理念和勇于创新的自信，上海仕格维丽致大酒店是丽致所管理的第一家五星级大酒店，无论是在软件还是硬件上，理应有所突破，但问题在于这种突破在酒店的硬件设计上表现得比较突出，软件措施的创新不够大胆，追溯其根源在于丽致管理大型豪华酒店的实力和经验不足。

丽致管理集团在台湾经营管理九家饭店，包括“丽致”品牌下的八家酒店和一家自己投资经营的中国台湾台中亚致大饭店，这些酒店有一个共同点，即均属于中小型酒店，也就是说，在接手上海仕格维丽致大酒店之前，丽致管理集团成立近20年从未真正管理过大型酒店，也因此，面对陌生的市场环境，丽致在酒店管理上沿用了台湾酒店的酒店联盟以及联销经营模式。内地和中国台湾的市场环境完全不同，丽致所采用的这种管理模式带来了一系列问题，它无法提供经营大型豪华酒店所需要的强大后台预定体系和忠实客户计划，在酒店的规模化经营上显得力不从心。尤其上海是一个国际化的大都市，各国豪华酒店云集，市场竞争异常激烈，与已在上海站稳脚跟的万豪、雅高、洲际等国际知名酒店集团相比，作为初次涉猎豪华酒店市场的丽致管理集团，缺乏国际知名度和扎实的后台预订、销售体系等核心竞争力。据悉，换牌后的斯格威大酒店可能与国际酒店集团法国雅高集团合作，共同打造上海第一家铂尔曼品牌酒店。

另外，上海仕格维丽致大酒店采用业主与管理方分离的合作模式大大减弱了管理团队的执行力。该酒店的业主包括香港上市公司上海置业有限公司、上海长城投资控股（集团）有限公司以及上海住宅产业新技术发展股份有限公司三家，其中上海置业有限公司是酒店的主要投资方，丽致仅负责酒店日常管理运营，并无实际资金投资。这种合作顺利进行的基础是持续实现高利润，合作双方沟通顺畅。而现实是，一方面三家业主加大沟通难度，另一方面丽致管理大型酒店经验不足、能力有限，面对激烈的市场竞争短期内无法保证达到期望的高利润。当合作双方产生矛盾或盈利情况不乐观时，作为管理方，丽致的决策独立性和话语权受到严重挑战，从法籍的朱利安到本土的万大为，丽致更换管理层的举动正是这种矛盾激化和妥协的表现，从而造成经营理念和制度决策的不连贯，不利于酒店的运营盈利。

进军大陆市场任重而道远

上海仕格维丽致大酒店换牌，对此有人认为丽致管理集团的台湾酒店管理模式不适合内地。其实，上海是丽致进军大陆五星级酒店市场的第一站，但不是它进军大陆市场的第一站，在上海仕格维丽致大酒店开业的前一个月，丽致在苏州投资创建的亚致精品酒店已经开业，并且至今仍在正常营业。为什么同为丽致管理，经营情况会出现这么大的反差呢？

丽致管理集团拥有两个品牌，即“丽致”酒店和亚致“HotelOne”，上海仕格维丽致大酒店属于前者，苏州亚致精品酒店属于后者，两家酒店在酒店定位、规模以及管理方式上都有很大差别。首先，上海仕格维丽致大酒店是按五星级标准建造，拥有650多间客房，而苏州亚致精品酒店是一个仅有139间客房的小型商务酒店，两者规模差距悬殊；其次，对于上海的酒店，丽致仅输出管理，而苏州的酒店则是由丽致独立投资建造，拥有绝对的决策权；最后，上海大型豪华酒店市场竞争激烈，丽致只是初次涉猎，而苏州中小型商务酒店市场竞争的激烈程度相对比较低，并且丽致从创立至今一直主营该类型酒店，经验丰富。总之，比较隶属丽致旗下的上海和苏州这两家酒店，丽致必然在后者经营管理上更得心应手。

若论复制台湾酒店管理模式，苏州亚致精品酒店与丽致在台湾所经营管理的酒店更为相似，即便是该酒店引以为傲、重点宣传的Workstation概念客房以及为顾客印制专属名片和提供可以充当客房分机的手机等特色服务项目都是完全复制台湾丽致酒店。复制不代表一定失败，与上海仕格维丽致大酒店相比，该酒店的经营算得上比较成功，开业至今一直保持了较好的入住率和盈利水平，说明即使完全复制台湾酒店管理模式，丽致也有能力将其做好。而上海仕格维丽致大酒店的失败更应归咎于丽致忽略了这家酒店的特殊性，在努力改善酒店硬件设施的同时，忽略了管理、服务等软件设施的相应提高。

强势管理风格
——卡莉的失败

在中国人欢度新春佳节的时刻，惠普董事会宣布卡莉不再担任公司董事长兼CEO并且立即有效，为强势管理风格敲响了警钟。

2005年2月9日，在东方的中国，人们正在兴高采烈地欢度大年初一；在西方的美国，曾经是国际商界最具权势的女人，卡莉感受的是郁闷和不爽。

"我很遗憾公司董事会和我在如何执行惠普战略上出现分歧，但是我尊重他们的决定，"她在惠普董事会当天宣布她不再担任公司董事长兼CEO而且"立即有效"的消息后说道。

从双方透露的信息来看，导致卡莉离职的主要原因不是战略出现了错误，而是在战略的执行上出现了问题。正如新任的公司非执行董事长杜恩所言，"她拥有战略远见，并形成了一个计划，这个计划给惠普带来了公司赖以（在将来）竞争和取胜的能力。"

然而，透过执行不利的背后就会发现，也许是卡莉自己的强势管理风格最终使她下了台。

卡莉在管理上采取强硬的路线，由来已久。这种风格帮助她扭转了朗讯公司的不利局面，她也因此声名鹊起，从而获得了当时惠普的青睐，才把她网罗到公司旗下。

令她不曾想到的是，她的这种领导风格在惠普却受到了阻力。最激烈的一次当属她主导惠普和康柏的合并过程中，和惠普创始人之子休列特围绕是否维护惠普传统所展开的斗争了。虽然她凭借巧妙的权谋赢得这次战斗，但是她和公司股东之间的关系悄然出现了裂痕和隐患。

这更加激发了她“斗争”的欲望，因为她认为要想在男人的世界——硅谷取得成功，就有必要像男人那样好斗，更何况她本身就具有这样的“基因”——销售出身的她深谙权谋的艺术，以至于人们以为她从惠普离职后可能跨入政界。

她的斗争欲望越强，就越要玩弄权术，也就越容易偏离正确的轨道和现实。就在惠普董事会宣布她离职的几天之前，她还在达沃斯世界经济论坛的记者招待会上表示，她和董事会的关系“好极了”。而外界有关惠普董事对公司财务业绩不甚满意的流言已经传得沸沸扬扬，但她坚称“自从（惠普和康柏）合并后，我们在各个方面的竞争力都得到了增强。”

本来，管理风格如果是纯粹意义上的强势和咄咄逼人，倒也不是什么大不了的事，尤其是对她个人的前途而言更是如此。但是如果在诚信等人生成功的基本因素上打了折，就不得不认真反省一下了。

本来，在东方的中国，强势的管理风格一直“合理地存在着”。卡莉在西方的美国不好过，也许会有一天，她携带着自己经过反思而改良的强势管理风格来到中国，不管是自己创业，还是受聘于大型的民营企业，抑或是被国资委为国有企业聘了去，说不定她能在这里找到事业的第二春。

贝塔斯曼在中国消失
——贝塔斯曼的失败

2008年7月，贝塔斯曼离开中国。过去13年里，它让中国的读书人硬生生地记住了自己拗口的名字；拥有了150万中国会员，创建了中国最大的图书俱乐部；年营收达到1.5亿元人民币；并几乎把旗下所有业务都见缝插针地搬到了中国。而13年后，贝塔斯曼关闭了在中国18个城市的全部36家零售门店；直接解散中国分公司；中国高管全部离开；取消会员中心；将呼叫中心改装成教育服务型网站；一手培养起来的物流体系被兼并，成为纯粹的物流服务商，为招商银行、东方航空等公司进行物流配送——从此，其图书业务将在中国彻底消失。

强势入局和不安的伏笔

1995年，上海。30岁的艾科·里森博格每天早上打着领带，穿过福州路菜市场，去科技图书公司的狭小顶层阁楼上班。就在这一年，世界四大传媒巨头之一——德国贝塔斯曼正式进入中国。这个操着一口北京话的德国年轻人，就是它旗下直接集团中国区CEO。

当时的中国，只有“新华书店”尊贵地盘踞在醒目的路口。一个拥有十几亿人口却刚刚起步的巨大市场，一堆不断被复制的成功经验。激情随着胸口起伏，似乎随时将喷薄而出。

1997 年，中国第一个合资书友会在上海声势浩大地建立，风行全球的贝塔斯曼“书友会”模式顺势涌进中国：读者缴纳会费入会，就可以优惠价格购买“书友会”提供的图书。独特的会员制图书销售方式、精美的印刷邮册、大比例的买书折扣、邮购……紧接着，呼叫中心成立，员工们忙碌地热线接听、来信回复……无不令当时的中国读者充满新奇感。

然而，华丽的序幕却并不代表接下来会有美好的剧情。贝塔斯曼在兴致勃勃迎接中国机遇的同时，却低估了同样必须重视的中国风险。

最初迎面而来，并困扰贝塔斯曼中国 13 年的，是政府稳若磐石的政策：禁止外资独资在华开展图书出版业务。在工商局磨蹭很久的艾科，最后也只能注册一个与国内出版公司合作的“上海贝塔斯曼文化实业有限公司”。贝塔斯曼不知道自己什么时候才能像在德国或在美国那样，成为一个出版公司。

没有出版权，必须与人合作，这就意味着受制于人，而远在天边的全球总部，也将难以为这个特殊的海外公司制定切实的规划。这是一个伏笔，若隐若现地潜伏在贝塔斯曼中国的血管里，直至肿大为血瘤，堵塞整个血液的流通。

不久，紧随贝塔斯曼中国起步的中国网上书店如蛰伏的猛兽，蓄势待发。1997 年，当当网开始运营，两年后，金山卓越也大力挺进。

“我们暂时不打算在中国赚钱，我们准备在这里一年亏一亿元，至少亏五年，等到在中国培养了足够数量的“书友会”会员并且中国出版市场对外开放时，我们将在这个国家再造一个贝塔斯曼。”1998 年一个闷热的上午，艾科对窗外的这个世界依旧自信满满，他没想到，这只是开始，这个雄心勃勃的公司，将在中国遭遇一个跨国公司在新兴市场里能够遇到的所有问题。

“双轮战术”和尴尬的拐点

随着互联网在中国的迅猛发展，当当网与金山卓越开始了惊人的奔跑，2000年贝塔斯曼决定调整战略，开始大力加强“贝塔斯曼在线”的经营力度，实施“书友会”固守疆域，网络书店开路冲锋的“双轮战术”。

“你买过《论语心得》，那么现在推出《庄子心得》，你会有兴趣吗？”已经有150名员工的贝塔斯曼呼叫中心一派忙碌，不是一味地等待订购电话、E-mail进来，而是针对特定用户进行电话营销，如今，这个呼叫中心年平均处理来电超过400万个，外拨电话超过200万个，短信发送、回复电子邮件、信件总量也有近150万封……

为了保证顺畅快捷的物流体系，贝塔斯曼争取到了很多网络书店觊觎已久的专属邮政编码。款到发货时，贝塔斯曼能自盖邮戳、粘贴邮单，绕过位于上海张江的邮局分拣中心，从而把物流周期缩短了三到四天。通过与二十余个物流供应商确立长期合作关系，贝塔斯曼在中国67个城市建立了快递业务。而在上海自主的配送网络中，贝塔斯曼每天要运送1000至1200个邮包，还要保证图书包装整洁。

但是，努力是一回事，成功却是另外一回事。拐点，出现在2002年。

当年，当当网的销售额超过了3000万元，金山卓越更是取得了8000万元的惊人成绩，相比之下，“贝塔斯曼在线”不足2000万元的销售额显得自惭形秽。而让贝塔斯曼尴尬不已的是，金山卓越和当当网的创始人均把“启蒙导师”的荣誉给予了“前辈”贝塔斯曼。

但更让“前辈”沮丧的是，风行全球、令其引以为豪的“书友会”，此时却在中国遭遇了前所未有的炮轰。

按照贝塔斯曼入会协议，如果会员在一个季度内没有买书，就会向会员发出“警告”，并将向其推荐一本书友会精心挑选的图书，如果会员坚持不为“推荐”的图书付费，将被取消会员身份。但是，这种强制“购买”的方式，被“以和为贵”的中国人斥责为“不太友善”。

虽然贝塔斯曼后来取消了这一方式，却也影响到了“书友会”的发展。接下来，一场来自贝塔斯曼内部的人事风暴，又将其布局中国的棋阵全部打乱。

2002年7月，主张新经济的CEO与贝塔斯曼创始家族矛盾激化，愤而辞职。贝塔斯曼中国区高层随之变动，艾科也在这年底黯然辞职，而他的接任者，却是一位曾管理法国贝塔斯曼“书友会”和500家直营店多年的德国人——原COO克里斯蒂安·温格尔。

2002年之后，贝塔斯曼决定将其经营重心重新导向“书友会”，将“贝塔斯曼在线”的业务并入“书友会”之中，从而避开与本土网络书店的直面竞争。在及时调整策略、将重心转移回“书友会”之后，2003至2004年，贝塔斯曼中国的营业额大幅回升，一度超过1.5亿元。

然而，辉煌背后，却隐藏着一个不可思议的矛盾——贝塔斯曼中国依旧无一分钱盈利。

150万名会员是贝塔斯曼的巨大骄傲，同时，也是其巨大的成本负担。为了维护“书友会”，贝塔斯曼前后投入了4000万美元。每月，每位会员的信箱都将收到精美书单，每月仅这一项就要耗资300万元人民币。为了扩大影响，贝塔斯曼还长期在大众期刊上刊登广告，2007年，它的老合作伙伴《读者》每期广告就要价18.5万元。

然而与此同时，当当网却不花一分钱就让读者知道了本月新书，无力的最后一搏贝塔斯曼代价“昂贵”的邮册却仅仅被读者用来在当当网上查找图书。

水土不服

“虽然贝塔斯曼99%的员工都是中国人，但CEO从来都是外国人，即使招募中国管理人员，也更看重员工的海归经历和MBA管理经验，这样反而忽略了书本身的文化特点。”多年后，这一点被公认为贝塔斯曼在中国致命的“七寸”。

在德国，贝塔斯曼以稳定的成熟人士为主，而目前在中国则变成了没有自主购买能力的中学生。事实上，书友会最初也是为吸引青年白领读者，也确实做到了，然而随着时间推移，这一群体的选择向内涵延伸，遗憾的是贝塔斯曼没有与时俱进，仍在推荐那些青春励志书籍。

同时，涉足出版的贝塔斯曼还在中国完全套用它在海外的出版运作模式。和作家大谈“买断版权”，这和国内普遍谈“税率”和“起印量”的做法迥异。“安妮宝贝的书，贝塔斯曼先捧200万元把版权抢了，但一本书卖20元，通过邮册直投和网站推荐，可能只卖出两万本。销售做不好，流动资金就被严重占用了。”如此“水土不服”的做法自然引起合作伙伴强烈不满，数家出版企业纷纷退出合作。

此外，“水土不服”的管理也让读者和员工对贝塔斯曼失去信任。

“有一次宣传单上明明说购买一定金额的图书就可参加香港旅游的抽奖，询问电话打到连锁店，其回答却是没有这项活动，原来该活动是由邮购目录部门主办的。”按照集团传统，各子公司拥有各自的管理系统，中国区也是如此。然而各行其是的混乱状态相应产生，“市场部会把最好的书拿去招收会员，因为考核他的只有会员数量，如此一来销售部的人就抱怨，好书都白送了，销售额从哪里来。”

新的危机也正从被贝塔斯曼放弃的网络书店方向席卷而来。2004年8月，美国著名的电子商务网站亚马逊宣布收购金山卓越，趁着外籍企业介入调整的时间差，当当网一举超越卓越，将二者竞争推向白热化，而伴随着这两家网络书店巨头的激烈肉搏，网上购书的价格更加低廉，书库信息更加丰富，服务也更加优质。而这一切，都让贝塔斯曼雪上加霜。

如果说“书友会”让贝塔斯曼中国由“双轮”变成了“瘸子”，那么，直营店则让这位巨人在中国彻底瘫痪。

克里斯蒂安上任不久后，便把目光转移到经营直营店的战略上来，力图将在法国成功的直营店经验照搬到中国。

2003年12月，贝塔斯曼与北京21世纪图书连锁公司合作，成立中国首家中外合资的全国性连锁书店，试图利用后者20余家大型直营图书连锁超市，突破中国限制外资从事图书零售的环节。在法国为代表的欧洲，去书店买书、看书早已成为人们不变的生活习惯。高书价、低房租也成为书店遍地开花的有利条件。然而在中国，这一切却行不通。

“张冠李戴”的恶果很快显现出来

文化差异首先引起了直营店的“消化不良”。相比法国读者，中国读者却抵挡不了网络书店大折扣的诱惑。而要求针对市场需求推出热门书目的“书友会”和要求书种齐全的直营店发生了冲突。尽管统一采购降低了每本书的进价，但同时也迫使进货种类缩水。位于上海福州路的贝塔斯曼21世纪书店开业，所售书种不超过一万，而街对面的上海书城一下子就囊括了几十万种书。

崩坍的前兆，从资金链的裂缝开始蔓延。

中国的书价一般是国外的1/4，而门店的租金则与国外大中城市差不多，“当当网所有货品都是库存式管理，北京的库房在西南五环之外，每天每平方米才三毛钱。而贝塔斯曼在北京的直营店，每天每平方米支出15～20元。”从2005年开始，贝塔斯曼在中国的销售额开始缩水至几千万元，到了2006年，盈利更是几乎没有，其直营店高昂的成本支出，更是无时无刻不在折磨着它。

贝塔斯曼试图做最后的拯救。2006年年中，无力支付高昂租金的贝塔斯曼接连关闭北京、杭州十多家连锁书店，转而以“店中店”的方式，与在31个城市有83家大型卖场的家乐福合作。但家乐福本身也自营与贝塔斯曼相似种类的图书，结果可想而知。

2007年，一向以“出手果断结账快”著称的贝塔斯曼，开始变得犹豫，“本来一个月结账的，要拖上半年以上。”结账慢，说明资金周转不灵；拖欠款，则拿不到出版社的新书、好书——38家已进入恶性循环的21世纪连锁书店成了压垮这个庞然大物的最后一根稻草。

2008年6月13日，悲情弥漫，13年的登陆战，最后却变成了疲乏的马拉松长跑，这一天，贝塔斯曼宣布开始在中国的倒计时，最后时刻，定在7月31日。

“尽管多年来我们在管理和财务上做了大量的投入，遗憾的是连锁书店目前的财务状况无法令人满意，也缺乏必要的规模效益，因此无法长期、持续地发展。此外，中国市场网络图书销售的增长和竞争的加剧也让我们看到二十一世纪图书连锁目前的业务状况无法适应这些变化，从而促使我们做出了终止业务这一最终决定……如果办理预付卡的会员希望退款，可以拨打呼叫中心的电话，通过现金支票的方式邮寄给会员。”

这是贝塔斯曼留给中国的告别信，言辞无奈而悲伤。

第四章　古人的领导之道

世事沧桑，风云变幻，数千年历史的淘洗下来的管理之道却历久弥新，依然适用于这个波谲云诡的时代。在寒雨敲窗的长，在柔和温馨的灯下，透过一缕轻舞的茶香，古往今来洞悉于胸。你将不惑不惧，更加有力……毛泽东曾一再让他的高级干部读史书，学习古人的管理经验，透析历史中的管理智慧，给今人处理现实管理难题以启示。

博大的胸怀
——领导者齐桓公

抛开鲍叔牙的伯乐之贤不说，仅就齐桓公的胸怀就令现代企业的领导者们学而习之。因为无数事实早已证明了这一点，一个优秀的现代企业管理者，最忌讳的就是心胸狭隘，要胸纳百川，创造人性化的和谐发展环境，才能率领企业一个坚强有力，极具凝聚力和战斗力的干部职工队伍披荆斩棘，才能使企业走上又好又快发展的快车道。

在我国历史上不乏明君贤臣，春秋早期齐国的齐桓公就是一个好的领导者，他不计管仲箭杀之嫌，以虚怀若谷的博大的胸襟，在鲍叔牙的力荐下，终于得到了贤臣管仲的辅佐，成为“春秋五霸”中第一位称霸的国君，成就了其宏伟的霸业。

事情还得从头说起，公元前686年齐国有一个大夫叫连称，乘齐襄公外出狩猎受伤之机，将齐襄公杀死了。

此时，他的两个儿子都不在国内，长子公子纠在鲁国，次子公子小白在莒国。他们听到齐国君死国乱时，都想抢先回国继承王位。

由于莒国距离齐国路程比较近，这对长子公子纠很不利，于是公子纠的师傅管仲就带领几十名精兵强将骑着快马先回齐国，想先为公子纠抢得皇位。半路上，管仲他们终于追上了路途较近的公子小白的大队人马。见此，管仲心里一惊，随之又计上心来，上前向公子小白问安说，公子纠是你的哥哥丧事应由他主持。公子小白的师傅鲍叔牙说：我们各为其主，你不要多说了。管仲见寡不敌众便假装后退，突然回身一箭射在了小白胸前的衣扣上，小白急中生智怕管仲射第二箭，便咬破舌尖，口吐鲜血，身子向后一倒诈死。

管仲自以为大功一件，回去说公子小白已死，齐国王位非公子纠您了。哪知未等到齐国，消息证实了公子小白已继承王位了，他就是齐桓公，公子纠一行赶紧又逃回了鲁国。齐桓公继位后，非常痛恨公子纠和他的师傅管仲，得了一个机会与鲁国交涉，鲁国权衡利弊，为了讨好齐桓公杀了公子纠，绑了管仲送回了齐国，鲍叔牙对管仲热情款待，并说服管仲为齐桓公效劳。

一开始，齐桓公气得咬牙切齿，恨不得食其肉，剥其皮。但是鲍叔牙力劝齐桓公，管仲有经天济世之才，治国之良宰。最后齐桓公宽以待人，听信了鲍叔牙的建议，隆重地任用杀己“仇人”管仲为宰相。经过几年的光景，齐国在管仲的大力治理下，完成了从乱到治，从穷到富，从弱到强的富国强民历程，一个强大的齐国在中原悄然崛起，齐桓公对管仲信任有加，国家大事均由管仲处理，并拜管仲为“仲父”。

懂得宽容
——“楚王断带”

“人非圣贤，孰能无过。”很多时候，我们都需要宽容，宽容不仅是给别人机会，更是为自己创造机会。

领导者对下属有没有宽容之心，在一定程度上决定了企业的凝聚力，也决定一个领导者能否得到下属拥戴乃至忠诚。有一则叫做“楚王断带”的故事读后很受启发。

春秋时期，楚王请了很多臣子们来喝酒吃饭，席间歌舞妙曼，美酒佳肴，烛光摇曳。同时，楚王还命令两位他最宠爱的美人许姬和麦姬轮流向各位敬酒。

忽然一阵狂风刮来，吹灭了所有的蜡烛，漆黑一片，席上一位官员乘机揩油亲泽，摸了许姬的玉手。许姬一甩手，扯了他的帽带，匆匆回到座位上并在楚王耳边悄声说：“刚才有人乘机调戏我，我扯断了他的帽带，你赶快叫人点起蜡烛来，看谁没有帽带，就知道是谁了。”

楚王听了，连忙命令手下先不要点燃蜡烛，却大声向各位臣子说：“我今天晚上，一定要与各位一醉方休，来，大家都把帽子脱了痛快饮一场。”

众人都没有戴帽子，也就看不出是谁的帽带断了。后来楚王攻打郑国，有一健将独自率领几百人，为三军开路，斩将过关，直通郑国的首都，而此人就是当年揩许姬油的那一位。他因楚王施恩于他，而发誓毕生孝忠于楚王。

“人非圣贤，孰能无过。”很多时候，我们都需要宽容，宽容不仅是给别人机会，更是为自己创造机会。同样老板在面对下属的微小过失，甚至严重过失的时候，则应有所容忍和掩盖，这样做是为了保全他人的体面和企业的利益。即使是一些原则性的错误，也要用宽容之心来对待，请注意，这里所说的宽容并不是迁就、包庇，而是采取宽容之心的处理方式。俗话说：“窥见佣人偷吃，只可咳嗽，不必大叫。”这就是宽容之心带来的处理方式。然而，有些领导者却不然，他们往往以眚掩德，只要下属有一点失误和错误，他们便大呼小叫，难怪有人说：“老板老板太认真，抓住小辫儿一个劲儿地拎！”甚至有人说：“千万别犯在老板手里，一旦让老板抓住，他就会给你来个‘逮住蛤蟆捏出尿来’。”

慧眼识英雄
——楚庄王与魏文侯

联想集团创始人柳传志说：“人才是利润最高的商品”。然而，对于管理者来说，如何选拔出合适的人才？楚庄王识别直言之人、魏文侯识别德高之人的故事或许会给管理者一些有益的借鉴。

楚庄王刚即位时，因为朝政混乱、羽翼尚未丰满，就来了个“以退为进”之计。他整天吃喝玩乐，不问政事，并发布了一个告示：谏者处死刑。事实上，楚庄王是想借机发现能直言进谏的勇者，以共谋大业。

一天，重臣伍举冒着被诛杀的风险，到楚庄王面前进谏：“有鸟止南方之阜，三年不翅，不飞不鸣，嘿然无声，此为何名？”

楚庄王回答道：“三年不翅，将以长羽翼；不飞不鸣，将以观民则。虽无飞，飞必冲天；虽无鸣，鸣必惊人”。接着，又一如既往，没有一些悔改之意。

随后，一位名叫苏从的大臣再次向楚庄王进谏，不过不像伍举那么委婉，而是直言进谏。

楚庄王觉得时机已到，马上启用伍举、苏从二人，委以重任。在两位重臣的辅佐下，楚庄王对内兴修水利、重视农商，大力发展生产；对外先后灭庸、伐宋、攻陈、围郑，问鼎周王朝，大败晋军。重内攘外的政策，使楚国的综合国力蒸蒸日上，成为春秋五霸之一。

对于管理者而言，要善于发现能够直言的人，他们是企业中最为关键的人。这是因为，敢于直言的人，已经将个人的得失置之度外，而唯有置一已之私于不顾的人，才能真正担当起重任。

除了楚庄王，魏文侯也具有一双火眼金睛，能够选出品德高尚的人。他对魏成子的提拔便是一例。

魏国混乱时，魏文侯准备提拔一位相国。但是，有两个人选，一个是魏成子，一个是翟璜，到底该选谁？

最后，魏文侯选了魏成子。

这是魏文侯考察两者周围的人的结果。魏成子周围的人，大都是天下奇才，比如卜子夏、段千本，魏文侯经常跟他们商讨治国大计。而翟璜的左右，多为魏王的臣仆。物以类聚，人以群分。一位哲学家有言，如果想了解一个人，就从他最亲近的朋友开始。看来魏文侯深谙此道。

除了从周围的人去判断，魏文侯还特别看重个人的品德。魏成子虽然有俸禄千种，但是，其中九成都用来为国纳贤，仅一成用于自己。并且，在举荐这些人才时，魏成子没有任何的私心。而翟璜举荐谋士李克等人，主要意图却在结党营私。至少在德行方面，翟璜已经远远输给了魏成子。

对于管理者来说，能否选出品德高尚的人，对企业的发展至关重要。这是因为，只有德高之人，才能以德服人、以德聚人、以德留人，进而在整个企业内部形成良性的互动氛围，促进企业的长久发展。

人才选拔之重——“荆轲刺秦王”

为抵抗强秦的大举进攻，同时也为报“见陵”之仇，太子丹想派刺客去劫持秦王，“使悉反诸侯之地”；或者刺杀秦王嬴政，使秦“内有大乱”“君臣相疑”，然后联合诸侯共同破秦。著名历史小说作家高阳在《荆轲》一书中不仅生动而细腻地展现了“荆轲刺秦王”这一历史事件的整个过程，而且刻画了这个历史项目中几个优秀的HR，至今他们仍然值得我们学习，也可以从中领悟出当今企业中人才选拔之重。

隐居燕市、心怀庙堂的田光可谓识才的伯乐。荆轲初入燕国，凭借自己一贯的“养气”功夫，沉稳而理性地阻止了一场市井斗殴事件。田光对此十分赏识，于是热情邀请荆轲到自己家中，兴致盎然地和他谈论时势。

田光不愧为资深招聘专家，这个过程表面看来是“礼节性”地招待，实则是一场全方位的面试。第一，考察知识水平和社会经验，通过与荆轲谈论诸国风物、当前局势，田光认为荆轲是有见识与谋略的；第二，考察心性和意志力，田光故意忽略荆轲一整天未进米食，听饥肠辘辘的他讲见闻谈见解，直到午夜时分荆轲起身想告辞，田光才在一个仆从的耳语中恍然大悟般款待了他；这还不算，自那日的彻夜深谈后，田光将荆轲安置在馆邑里，便多日不与问津……这一切在常理看来，真是不可思议的失礼！

然而这也正是田光的面试测评技术，因为他知道“筹划大计”这个岗位需要有胆识、有见地、有韧性、有骨气之人，深夜不予招待饭食、数日不以礼回访，都是对荆轲个人素质的深入测试，好在荆轲是具备这个岗位素质的人选，并真正赢得了这场面试的胜利。当他决定离开燕市的时候，也正是田光决定录取他的时候，于是派高渐离快马加鞭尊请回来，开始对他的进一步考察和培训。

日后与荆轲朝夕相处的日子里，田光通过使用人才来实现人力资本的增值。他更加仔细观察和培训他，并开始初步谋划强燕灭秦的战略与部署。田光向太子丹保荐荆轲后自刎，他用生命证明：我保荐的荆轲值得信任，可以委以重任！

这个举动对荆轲来说，却成为终其一生的激励。田光的一句“田光已死，不虞泄密”的临终遗言，使得在荆轲无论后来官居燕国上卿的所作所为，还是在与燕国公主的爱情产生强烈的心理困惑时，他一直用田光之死来权衡取舍，甚至为使入秦都策划出现漏洞后，他拼死一搏，第一个念头都是：一定不能辜负对自己有知遇之恩的田光！直到结束了刺秦的壮举，(如果我们不以成败论英雄)，那么我们可以说，田光的牺牲达到了最高的诠释与荣光。

“入秦行刺”可谓是一个大策划，在荆轲与太子丹的前期设想中，就明确了欲求成功的三个必不可少的条件：第一，需携带一件可以取信生性多疑的秦王的礼物；第二，需一位剑术极佳的助手，来弥补荆轲的剑术不佳；第三，需一把精巧锋利的匕首，以便于隐藏并可确保一刺便死。荆轲作为这个项目的负责人，他眼光敏锐，根据三个“岗位”的任职条件，他确定了三个最合适的候选人——樊於期、徐夫人、盖聂！

樊於期为秦国叛将，由于不满嬴政的暴虐，投奔燕国，其首级为秦王重金悬赏。燕太子丹却奉其为上将，以礼相待，樊於期虽人至垂暮之年仍有时刻准备以死报答太子丹的精忠之心。那么，樊於期的首级加上督亢之地，必是取信秦王的最佳“礼物”！

赵国的徐夫人，天下冶工第一，在邯郸时，荆轲曾登门拜访。当时徐夫人得知他欲往燕国，便请他转太子丹一份写有淬毒方子的竹简。荆轲知道徐夫人为人正派，并痛恨秦王的残暴统治，所以这个铸造淬毒匕首的岗位人选非她莫属。

榆次论剑中，荆轲从盖聂那把不起眼的剑和傲视群雄的态势，就已经知道了盖聂是个行家，而且唯有盖聂的剑术，才配得上徐夫人的铸剑绝技。这也在后来徐夫人的意见中也得到了印证——当她听到用淬毒匕首者乃盖聂，点点头说：大事必成！

真情无怨言
——学习康熙情商管理之道

有时候化解矛盾并不需要千万般计策，一句贴近心扉的话语就已足够。真情之下，何来怨言呢？

话说康熙皇帝，最喜欢微服出巡，探查民隐。当然皇帝出巡自然有保镖，而保镖之中，最靠得住的便是魏东亭。有一次，康熙巡视河道，因为他要治理黄河，而康熙本人最讲究科学和实际的考察。在巡视的时候，发生了争执，这是地方老百姓和地方小官的纠纷，康熙自然走到人群看个究竟。在观看中，康熙得罪了恶人，那恶人自然要打康熙，而康熙堂堂皇帝，哪有试过这种屈辱，眼看恶人正要打来的时候，康熙本想拔出天子宝剑怒斩恶人，但因为微服出巡，没有带配剑。但转头一看，那个魏东亭正在呆头呆脑地望着，不知如何应付这种突发事件。康熙立即扬起手，大力地一掌“啪”的就是一记耳光打向魏东亭，说：“主辱臣死，你懂吗？难道要朕亲自动手？”一句说话提醒了魏东亭，立即出手解围。

当晚，康熙休息的时候，要了一杯茶，又要了一些点心，但不知为什么，总是心神不定，不想吃也没有兴趣做什么，只好拿来一本书阅读，读了几页又放下。康熙叫在外站岗的魏东亭，说：“东亭！你走到灯前来吧！”魏东亭不知有什么事，有点战战兢兢，因为今时不同往日，以前和康熙一同长大，真是两小无猜，但现今皇帝天天成长，开始有自己的威严，再加上今天的一巴掌，早已感到自己和康熙，已经不再是过去的朋友关系。

当魏东亭走近的时候，康熙说：“让我瞧瞧！”康熙一边看他的脸，一边说：“朕一向以仁慈对待下属，今日却无端打了你……”

魏东亭听了，突然间感到亲切，从来没有和康熙如此亲近，感到一股热气涌上心头，自己的脸涨红了，连忙下跪，说：“主辱臣死，是奴才的过失！”

康熙又说，“你有委屈吗？有委屈就哭出来吧！哭了一场就舒服一些！”

魏东亭更紧张地说：“不不不……没有委屈！奴才怎会有委屈？”他立即接着说：“都是奴才手脚慢，只见他们正在冒犯皇上，而奴才居然呆着不知如何应付，真是罪该万死……”只见他一边说，一边流下眼泪。康熙笑着说：“朕打错了你……”只见魏东亭更忍不住，泪水鼻涕也流了出来。

康熙说：“还说没有委屈，眼泪都控制不了。”

魏东亭立即说：“没有委屈！没有委屈！奴才只是感到受主上隆恩，感激万分，不知如何肝脑涂地报答圣上……”

“你说的是实话吗？”康熙一手扶起了魏东亭，又说：“你不觉得朕委屈了你，近来对你好像刻薄了一些吗？”魏东亭立即说：“奴才没有这样想过，主子也未曾待薄过奴才！”康熙笑着说：“你越来越干练了，也学了不少油嘴！”魏东亭立即说：“奴才岂敢讲大话！皇上的恩宠，无论是雷霆雨露都是君恩，莫说主子没有疏远奴才，就算有，奴才也要自我反省，自己做错了什么事，令主子讨厌，奴才要自己学乖、学好进步！”

康熙说：“朕要有意锻炼你一下。你说要弃武就文，目的当然要他日找一条好的出路，这是对的，如果封你一个官职，只是朕一句话就可以了，但这样不能培养你成材。你还需要多一点历练，所以朕对你是严格了一些。你知吗？索额图是皇亲，有时胡来，只要不太过分，朕也会忍他一忍，给他一点面子。将来你的前途，肯定在明珠、索额图等人之上，但要好好历练……”魏东亭听了，更加感激，说：“主子明训，令奴才茅塞顿开……”康熙又说：“朕再三筹划，才不得不把你留在身边。你要吃得起这个亏呀！”

康熙一番说明，说得又情真又意切，魏东亭本来有很多怨气，但经过今次一掌之后，得到皇帝如此交心地讲明白，真是又服又贴，更加忠心地做好分内。

知彼知己，知天知地
——《孙子兵法》的管理之道

《孙子兵法》有云："知彼知己，胜乃不殆；知天知地，胜乃可全"。

据说吴国国王阖闾读了孙子兵法后，将孙子召至宫中，要求用宫女来演练并验证其兵法的有效性。孙子欣然接受了挑战，他将宫中美女分为左右两队，并指定吴王最为宠爱的两位美姬为左右队长。接着孙子开始向宫女们讲授操练要领，讲解完毕，孙子问众宫女有没有听明白，众人都说明白了。然而，当孙子真正开始发号施令时，宫女们笑得乱作一团。孙子说："如果由于号令不清而导致士兵们没有按照指令行兵，那么这个责任当属将领。"于是他又将规则重新解释了一遍。然后他再一次发令，宫女们又大笑。这时孙子说："如果指令已经解释得足够清楚，而结果还是失败的话，那么责任在于军官。"他下令要斩杀被任命为队长的两名宠姬。吴王见状忙说已理解他的用意，但不需要真的执行军法。孙子不顾吴王的请求，而执意杀掉了两位美姬，并任命另两名宫女为队长，继续练兵。当孙子再次发令时，没有人再笑，大家都操练得极为齐整。而此时吴王却因失去爱姬而无心观战，孙子因此批评吴王："大王只重口头承诺，却没有勇气说到做到。"

看完上面这个小故事，读者们也许会问难道这些组织上的问题靠杀几个头就能解决了吗？当然没那么简单，而且读者们应该会理解那时候的“斩首”在我们今天说来就是“开除”。我们当然不能单从字面上理解这个故事，所以有必要预先作一个说明。因为我们面对的是在非常遥远的战争年代下写出来的东西，而且孙子是一个特定历史环境下的人物。我并不打算从字面上重复孙子的话，而是想对他的理论进行诠释并运用到经营管理方面。因此你们可以看到下文中一些军事术语会被企业管理方面的术语所代替，当然其中的精髓思想还是来自于这本著作当中。（比如，“军队”“将领”“战场”这些术语会被“企业”“领导者”“环境”所代替。）

根据孙子的理论，一个组织的成功与否可以从四个方面来推测：统一的目标，对环境的认识，领导能力和组织有效性。

统一的目标

“只有当企业的领导者和员工具有一致的目标时，企业才有可能获得成功”

孙子认爲，领导者最大的责任就是使整个组织具有共同的目标。那么什么是共同的目标呢？孙子认为就是企业的每个成员在与企业的领导者保持协调一致的情况下的所想所为。精通管理的领导者对整个组织的控制可以达到非常自如的程度，就好比牵着一个人的手一样容易。怎样才可以达到这种统一呢？要靠领导者特有的高尚品质及行为来发挥示范作用，从而在组织中创造并维持一种和谐。

实际上这种领导者的典范作用以及企业内部的团结一致正是增强企业凝聚力的极为重要的两个方面。孙子告诉我们当领导者的权威性得到高度尊重时，他与他的员工之间就容易产生一种和谐的关系。孙子的基本理论为：领导者的威信不是来自于职位，而是来自于领导者本身高尚的人格及行为。维持组织的和谐统一是领导的职责之一，他有责任去保护这种和谐不遭到破坏，阻止内部矛盾的产生并保持和谐有序的气氛。如果无法做到这点，那么这个领导者将不可能赢得员工的尊敬。所以在过去，无法维持社会稳定（和谐）的朝代经常会有叛乱，也就是失去了所谓的“天赐王权”（与那些统治者的权利来自于人民大众的制度不同，中国古代认为统治王权是上天赐予的，当社会和平无法维持时，也就是失去了这种权利）。

保持和谐在当今的中国社会来说也是非常关键的。中国人总的来说还是尽量避免公开的矛盾，寻求统一，如果实在无法避免，至少表面上大家还是要保持相安无事。这和谐的概念可以分两种不同的方式去理解：一种和谐指的是思想和理论的完全一致；另一种却是指不同观点思想的融合。孙子所谓的和谐属后者。就像一段音乐，哪怕重复成百上千次，也很难找到两次曲调完全一样的。所以我们把不同乐器发出的不同声音整合起来，变成一曲交响乐。不同内容形成的和谐是具有生命力和延伸性的，而由于规范一致而形成的和谐则不然。当一个企业的领导者能真正做到协调统一组织中的不同部门的时候，就是这个企业繁荣发展和迈向成功之时。因此，一个优秀的领导者应该尊重多样性，能够协调具有不同观念思想的个人，并引导他们朝着一个共同目标去努力，达到多样化的统一。

对环境的认识

就像水是沿着地形的方向而流动一样，企业的发展也应该顺应环境才能取得成功。

除了企业的领导者对于组织本身的关注可以称作外部注意力。因为企业的成败与否很大程度上取决于所做决策的质量如何，所以应该在对外部环境有深刻理解的基础上再作决策。孙子提醒我们成功没有固定的模式，过去发生的事情不一定将来也会发生，因为每一种新的情况都需要我们作出新的决策。杰出的领导者其实并没有什么成功的秘决，但是他一定具有不断创新的能力，所以可以在每一种新的情况下作出正确的决策。总之企业的战略决策应该适应环境的变化和发展。

孙子认为企业具有各自的竞争优势和战略地位，而如何去运用这种竞争优势和战略地位则是一项艰巨的任务。竞争优势包括一些无形的因素，比如领导者的自信度，员工的热情度，领导者对于机会的敏感度以及面对环境变化的灵活性。而战略地位涉及一些有形的因素，比如经济基础和资産状况。一个好的领导者应该能根据环境来确立企业的竞争优势和战略地位。同时孙子也提醒我们没有一成不变的竞争优势和战略地位，相反环境会影响以上两个因素，因此我们应该总是主动去适应环境的要求，而不是与之背道而驰。企业的领导者要积极创造各种有利条件，要灵活多变并且能够最大限度地利用企业自身的竞争优势。

领导能力

“领导者是企业的核心。如果有称职的领导，企业就有可能走向繁荣，如果领导者不称职，那么企业就会陷入混乱。”

领导者的能力源自于其高尚的人格。孙子告诉我们高尚的人格品质需要培养，而有些缺点就应该克服。

五种需要克服的缺点分别是：鲁莽，缺乏自信，易怒，对批评过于敏感，感情用事。这些缺点会影响领导者做出正确的决策，进而影响整个企业的成功。孙子提到过去的成功并不预示着未来的成功，而鲁莽会使我们还没有考虑清楚后果就做出决定。缺乏自信则会导致做决策时犹豫不定，由于保守而越来越畏惧变革。易怒的个性容易伤害与员工的感情，因为当一个人都无法控制自己时，又怎么能赢得别人的尊重呢？孙子认为领导者的某些过激反应只能说明他的无能。此外还有一个缺点，对批评过于敏感，则不利于发现自我的不完善，也等于放弃了提高改进的机会。有些员工甚至会因为怕触怒领导而隐瞒一些应该提出的问题。最后一种缺点，感情用事，是指领导者在处理员工的个人问题时过于感性化。如果领导把个人感情掺杂在对问题的理解中而有意容忍一些实际上有害的行为的话，就等于是给了企业中其他的员工一个有机可乘的错误资讯，从而影响整个企业的效率。到最后，员工们就会像被宠坏的小孩一样，任性妄为。孙子反对管理中过分亲密的关系，他认为领导者应该与员工保持适当的距离，成熟冷静但又讲究原则性和公平性。

除了以上五种应该尽量避免的缺点，孙子同时提出了五种应该培养的品质：正直，勇敢，善良，自律和睿智。

正直指的是说到做到，言行一致。正直的人才能赢得别人的信任，因为大家相信他一定会遵守承诺，而这种信任对于领导者来说正是建立威信的基础。领导者也应该具有一定的勇气，才能在关键的时刻作出关键的决定。这些决定既是果断的，又应该是考虑周全的，这样才能避免无谓的争端。关于善良，孙子提出应该考虑所有为企业工作的员工的利益，也就是说尊重每一个人的价值。除了善良，孙子认为自律也很重要，人首先要自律，才能律人。领导者自己要带头作表率，才能要求其他员工也遵守纪律。有能力的领导不仅能通过对员工的关怀赢得他们的感激，而且能通过纪律的约束把大家紧密团结在一起。正是人性化和纪律性保证了员工对领导者的忠诚度。

最后一点，领导者应该是博学多才的。孙子认为一个睿智的领导者考虑问题是有条理的，并且能在深刻理解环境形势和企业强弱势的基础上规划其行动方案。睿智的领导者还应该相当灵活变通，不墨守成规，该采取行动的时候就采取行动。除此之外，还要不排斥变革，而是拥护变革并善于利用变革来促进企业的进步和发展。我们所说的睿智还意味着要时刻认清形势并能预见行动的后果。环境是各种独立因素相互作用的动态过程的產物。因此，对于企业某一个方面问题的决策，可能会对整个企业的各个方面产生影响。由此可见真正的睿智是要将智慧和机会结合起来。

领导者的能力强弱对于一个组织的成败是具有决定意义的。孙子强调要培养领导者五个方面的品质，因为他认为领导艺术源自于人格魅力，有时候人的品质特性比专业技能会在更大程度上决定领导者的能力。好的领导将是企业的一笔宝贵财富。

组织有效性

“一个好的组织既能够管理人数很少的企业，又能够管理拥有衆多员工的大企业。”

孙子提出好的组织应该有适当的监管体系，通畅的沟通渠道，能合理分配资源，吸引优秀人才。他尤其强调最后一点，因为决定成功的并不是企业的竞争优势，而是构成组织结构并执行各项任务的人。因此不要吝惜那些能吸引优秀人才的各种资源。

人力资源管理还要注意一点就是要不偏不倚，但同时奖惩要有节制。如果给予太多的奖励，会暴露出企业本身的问题，同样如果惩罚过多的话，也只能说明企业内部的混乱不堪。另外在决定人事上的变动升迁时，公正公平也是非常重要的。最后强调一点：适当的培训有助于更好地完成任务。

以上我们可以看出孙子推崇的组织形式有两大特征：以资讯为中心，适应性强。无论是领导还是员工都应该尽力去创造这样一种组织。只有这样的组织才能在竞争激烈、瞬息万变的环境中生存下来，因为历史不一定能够对将来的决策有参考价值，而一个企业最大的竞争优势就是不断创新的能力。

中国有种说法：一名员工不称职，那只是一个人的问题，而领导不称职，那就是所有人的问题。领导应该是整个企业的典范，他的威信来自于他高尚的品质。现在的问题是高尚的品质是与生俱来的呢还是可以后天培养的。孙子认为高尚的品格是可以通过努力塑造的。那么怎样塑造呢？就是我们上面所说的培养正直，勇敢，善良，自律和睿智的品质。拥有这些品质的领导者会渐渐成为众人的榜样。所以领导者是决定企业发展的中心，这一点正是孙子管理理论与西方管理理论的最大不同之处。西方管理理论认为领导者是在最上层的，整个组织都为其服务，而孙子认为领导者在最中心，由他来为整个企业服务。就好比是一只圆轮的中心，所有的半径都在这点上会合，如果中心不够稳固的话，整个轮子都会瘫痪。

先定谋虑，再因时乘势
——管仲

上下不和则令不行，上下不和虽安必危。

有勇无谋，不足以成事。先定谋虑，再因时乘势。

九合诸侯，一匡天下，这是管仲自己辅佐齐桓公建成霸业的概略综述。被尊为法家元祖的管仲，其实不全然是个霸道主义者，他思想博大、见识闳远，而且懂得“政之所兴，在顺民心”。

掌握群众与人性心理

梁启超曾指出管仲是全世界最早的法治主义大家，在公元前七百年的春秋时代，管仲已主张以法治国，可以兴功惧暴、定纷止争，能令人知事、使人各得其所。

管仲向齐桓公所建议的用兵制胜的要点，也可供今日成功人士开拓业务、迎对竞争的参考。他主张用兵先定谋虑，再因时乘势。他认为有勇无谋，不足以成事，发动军事，必须先定谋虑。至于作战求胜，则要观测时势，必要时可以巧妙投机。

他在《霸言》中举例：“强国众，先举者危，后举者利；强国少，先举者王，后举者亡。”他的理论中心是：问本明敌——充分了解敌情，观察环境情势，活用战法，抓住机会巧妙运用。

管仲很能掌握群众心理，当春秋时代，群雄纷争，但尊重传统、求统一安定倾向还很浓烈，他推出“尊王攘夷”的口号，正是顺乎大众的期望，于是不但使齐桓公成就了霸业，还拥有人望。

对内，他也深知政通人和的关系重要，他认为：“上下不和，则令不行……上下不和，虽安必危。”他主张人才进退，建立公平制度：“使法择人，不自举也；使法量公，不自度也。”

管仲观察人性，有独到看法，易牙就是最好的例子。

易牙以长于烹调成为桓公宠臣，传说桓公戏言遍尝山珍海味，唯有人肉不知滋味如何，易牙就杀了自己三岁的儿子，蒸肉奉请桓公尝味。

当管仲病重和齐桓公讨论群臣的可用程度时，桓公提到易牙煮了儿子，迎合他的口味，是否表示，他爱君王胜于爱他的儿子。

管仲说：“凡人之常情莫不爱其子女，今易牙杀其亲生爱子，仅为迎合君王戏言口味，是违背人情、矫情的人，何能寄以国家大事。”

守信义使天下悦服

还有一个借曹沫劫持桓公，树立信誉，以服天下的故事，更可见出管仲的远见。

齐桓公以尊王攘夷名义，约集诸侯会盟于北杏，桓公顺理成章地被推为盟主。各国之中，距北杏很近的鲁国竟未参加，齐国派大军压境，鲁庄公被迫请求在柯地和齐桓公相会。

会盟大典进行中，鲁国大将曹沫突然抽出匕首，威胁齐桓公要求退还齐国以前侵占鲁国的汶阳一带土地，再谈会盟以示诚意。

管仲在旁表示：“鲁国理直，君可许之。”

会盟之后，桓公悔怒，想派人追杀曹沫。

管仲劝谏桓公不可小不忍而乱大谋，他认为退还少许鲁国失地，以示桓公守信，不失信于匹夫，正可向天下诸侯显示齐国的信义。

后人评论这件事说：“盟约可毁而桓公不欺；曹子可仇，而桓公不怨，此所以服诸侯，霸天下也。”

管仲以汶阳一片土地，为齐桓公取得了使天下悦服的威信，是何等的见识。

今日工商企业，为自己的商业打知名度，奠定信实标徵，管仲的这番权衡运用，值得深加体悟。

以德为重
——汉文帝

汉文帝刘恒是刘邦的第三个儿子，由于他的母亲薄姬和刘邦是半路夫妻，所以这对母子在汉朝皇族中的地位很不显眼，汉文帝刘恒的才能也不出众，没有哥哥汉惠帝刘盈的根红苗正；也没有弟弟淮南王刘长的意气风发，但他却对汉初社会经济的恢复做出了巨大的贡献，本人的道德品行也在中国历史上留下了光辉的一笔。

汉文帝的母亲薄姬饱经秦末农民起义和楚汉战争带给人民的兵燹之祸，辛酸的飘零经历使她看清楚了丑恶的人性。由于预测到阴险毒辣的吕后绝不会容留自己亲儿子之外的任何皇位竞争者，所以薄姬主动向汉高祖刘邦提出愿意偕同刘恒到偏远的代郡去做藩王，当时的代郡偏僻荒芜又毗邻边塞，生活艰苦而且经常受到匈奴的侵扰，刘邦一直很头疼没有亲信愿意替自己管理这块地方，所以痛快地答应了妻子的要求，封刘恒为代王去镇守边庭。

荒凉的代郡当然比不上灞水长安的繁华兴盛，娇生惯养的小孩子刘恒吃不了这份苦，经常唉声叹气自怨自艾，为了让儿子走出思想误区艰苦奋斗，聪明的薄姬运用“赏识教育法”来教育儿子，对刘恒的点滴进步都予以表扬，使刘恒渐渐恢复了自信，修身养性，走上了自强之路。所以当刘邦最喜欢的戚姬被吕后砍成“人彘”、刘邦最中意的继承人赵王刘如意被灌下毒酒、大汉朝的长乐未央中弥漫着血雨腥风的时候，燕赵大地上一棵不起眼的幼苗正在循循善诱的春风雨露滋养下茁壮的成长着。

时过境迁，斩蛇起义的“赤帝子”终究寿命有限，当了12年皇帝后去世了，刘盈继承前辈的事业作了汉惠帝，由于看不惯母亲吕雉专横跋扈毒如蛇蝎的作风，这个17岁登基的小皇帝心灰意冷，开始沉迷酒色自甘堕落，24岁的时候就一命呜呼找他爹去了。刘邦手下的老臣陈平、周勃和刘姓皇族的杰出代表朱虚侯刘章强烈反对吕后外戚干政的篡汉阴谋，发动政变把长安城内所有的吕氏宗亲斩尽杀绝。这个时候汉室继承人的问题摆在了眼前，此时刘邦的嫡系子孙已经死的没剩下几个。终于有人想起了远在边陲的三王子，请他回来登基理政。

汉文帝当政之后，采用道家的无为思想治理国家，主张薄赋节俭，与民生息。当时的中国连续经历了几次空前的灾难，先是战事纷纭的战国时代，接着秦始皇为统一六国搞了几次长平之战这样杀人无数的战役，国家一统后又用横征暴敛、严刑峻法残虐百姓15年，接下来3年的灭秦农民起义和5年的楚汉战争更是把国家的经济弄得雪上加霜，以致刘邦称帝时拉车的马都找不到同一颜色的，大臣上朝能坐上牛车就算不错了。为了恢复遭受长年战争破坏的社会经济，汉文帝把当时的税务制度改为十五税一，就是指农民只需缴纳收成的十五分之一。这样还嫌经济恢复得慢，干脆于公元前167年彻底免除了农税。为了劝农耕种，他在春日亲自扶犁耕地以作表率。

汉文帝还是中国历史上著名的节约型皇帝，除了大力提倡节俭外还以身作则，饮食通常是萝卜青菜，自己的龙袍一穿就是二十年不换新的，平时只穿布衣，皇后和妃嫔的衣服也是粗布做的，上面连花绣都没有，为了节省布料还不允许穿拖地装。后宫所有的女眷都要亲事种桑养蚕。有一次他想扩建一座宫殿，命财政部的官员统计了一下，预算需要消耗“百金”，他说：“一百两金子等于十户中产阶级人家的财产，花费实在太大，我住着先帝留下的宽堂广室还经常觉得于心有愧，怎么敢破坏十家的幸福来满足我一人之需呢？不建了”。上有所好，下必甚焉，领导吃饭没有肉，下属绝不能动荤。汉文帝节俭的生活作风影响到许多官员和百姓同样恪守节约的信条，使铺张浪费之风一时绝迹，对汉朝经济的恢复起到了不可忽视的作用。

汉文帝留在历史上的定义词是“仁爱”。著名的历史典故“缇萦救父”使这位好心的皇帝名垂千古。肉刑是古代刑罚的主要内容，譬如割掉鼻子、砍去双脚、破坏生殖器等。当时的御医淳于意是个十分谨慎负责的医生，凡是遇到自己不能治疗的疾病就绝不会大胆用药，这种做法不为大多数病人的家属理解，因此他开罪了很多权贵，终于因为一次医疗事故被人抓住不放，被判刖刑（斩去双足）。他9岁的小女儿缇萦跑到汉文帝面前去哭诉，说明肉刑给犯人造成的痛苦是巨大且不可挽回的，受刑后的犯人即使悔过也不能像正常人一样生活工作了。小姑娘泪流满面的凄楚神态和铿锵有力的陈词深深感动了这位仁君，从此彻底废除了肉刑。他还召见大臣陈平、周勃说：“肉刑太残忍，改为笞刑和杖刑吧。而且一次打300或500下量刑太重了，打三五十下也就可以了，不要打死人。”

真正让汉文帝流芳百世的故事是《二十四孝》中“汤药亲尝”的动人典故。薄太后和汉文帝相依为命十几年，母子关系相当密切温馨。薄太后身体不好，重病瘫痪许多年。汉文帝经常在母亲榻前目不交睫、衣不解带的仔细侍奉。母亲服用的每一剂药他都要先尝尝苦不苦烫不烫是否够火候，然后才亲自喂给母亲吃。薄太后心疼儿子，劝慰他用心朝政已经很疲乏了，侍药这类小事交给侍从去做就可以了，不必劳神费心。这位万乘之君当即跪下来说：“如果孩儿不能在您有生之年亲自做点事，那么什么时候才能报答教导养育之恩呢？”汉文帝先于薄太后两年去世，临终前嘱咐自己的妻子窦皇后和大臣们说："我深受母亲的哺育教养之恩，可是天不假年，我活着不能在母亲面前尽孝，死后你们一定把我的陵墓建在母亲脚下，头要朝向母亲的一方，使我在阴间也能克尽子道。"后来的史学家评价汉文帝时用一首诗来赞誉他：仁孝闻天下，巍巍冠百王，母后三载病，汤药必先尝。

汉文帝不仅孝顺自己的亲人，还推己及人的关爱全国的长者，他规定凡80岁以上的老人每人每月可以到当地政府领取米、肉、酒等消费品；90岁以上的老人每人再加领赐帛、棉絮等。通告还要求：90岁以上老人的慰问品必须由县丞或者县尉亲自送达。孔子在《孝经》中说："教民亲爱，莫善于孝"。意思是说：教人民相亲相爱，莫过于推行孝道了。汉文帝的美好品德感化得当时的士庶官民纷纷仿效，一时间孝敬老人成为当时社会上普遍的道德风气，战争导致的匪盗横行局面无声化解，犯罪率急剧下降，给汉初经济的恢复提供了安全的秩序保障，为"文景之治"奠定了坚实的基础。

善解人意
——成吉思汗

成吉思汗认为，最能干的人并不一定能当首长。好的领导者一定是体恤下属，知道下属需要什么的人。

对成吉思汗来说，1189年是个转折点。这一年，他被推举为几个部落的联合酋长——“合汗”。但他并不因此而满足，因为他懂得：要巩固并扩大自己的权力，要摆脱贵族们对他的控制，要防备其他部落的侵袭，必须有一支坚强的军队。于是，他着手组建了忠于自己的护卫军。当成吉思汗拥有数十万部众时，他宣誓说：“我一旦当上了君主，并统率许多地方的军队时，一定要关怀我的部下，夺来许多马群、畜群、游牧营地、妇女、儿童给你们。”

果然不出成吉思汗所料，他当上“合汗”不久，与他结为“安答”的札木合，开始嫉恨他。1195年，札木合以其弟被成吉思汗部下所杀为借口，纠集13个部落3万人，向成吉思汗发起进攻。成吉思汗也动员了部众十三翼(即13个部落)3万人迎击。成吉思汗虽然兵败，退至斡难河畔哲列捏狭地，万万没想到的是，获胜的札木合却失去了人心。因为他把落入自己手里的俘虏全部处死，甚至用大锅煮人肉为食，并且对待自己的部众苛刻，常任意夺取部众的车马、食品。

因此，蒙力克与术赤台等人，率部投靠成吉思汗。

战场上的勇猛，虽然能决定一时的胜负，但是，政治上、道义上的胜利，其影响更为深远。札木合的众叛亲离，与成吉思汗的众望所归，形成了鲜明的对照。札木合煮食战场仇敌，这种惨不忍睹的场面，连其部下也“多苦其主非法”，甚至担心起自己的命运来。相反，宽厚容忍的成吉思汗赢得了人心，那些担心自己命运的札木合的部下，纷纷倒向成吉思汗。成吉思汗的部众一下子猛增了许多。

成吉思汗爱护部众，也要求其部将们关怀部属的饥渴、疾苦。他曾说：“再也没有像也孙拜那样的勇士了，没有人像他那样能干。但由于他不感到远征之苦，不知饥渴，他就认为，与他在一起的那可儿、战士和所有其他的人们，也都像他那样能忍受远征的劳累，而他们并不能。因此，他不适合于担任首长，只有知道这种饥渴、牲畜消瘦的人，才配担任首长。”成吉思汗常在作战之后，率领军队驻扎在草原上，休养士马，并常组织围猎、娱乐活动。

成吉思汗能与广大部众同甘共苦。在作战时，成吉思汗率领部众一起奋战，经常冲杀在前，因而多次受伤。他生活简单，饮食、衣服与广大部众相同或相近。战胜时，与广大部众共同分享胜利果实。正是由于成吉思汗能够厚待部众，尊重部众的意愿，与他们同甘共苦，因此，他能团结部众齐心协力地去战胜敌人，夺取胜利。

成吉思汗认为，最能干的人并不一定能当首长。好的领导者一定是体恤下属，知道下属需要什么的人。

美国前总统里根中年时，有一次患病去医院输液。一位年轻的小护士为他扎了两针，都没有把针头扎进血管，针眼处还起了青包。正当他疼痛得想抱怨几句时，却看到那位小护士的额头上布满了密密的汗珠。那一刻，他突然想到自己的女儿。于是，他安慰小护士说：“不要紧，再来一次。”第三针终于成功了，小护士长长地吐了一口气，连声说：“先生，真对不起，我很感谢您让我扎了三次。我是来实习的，这是我第一次给病人扎针，实在是太紧张了，要不是有您的鼓励，我真是不敢再给您扎啦。”

里根告诉她说："我的小女儿立志要考医科大学，她也会有她的第一位患者，我非常希望女儿的第一次扎针，也能得到患者的宽容和鼓励。"这里，里根在想抱怨小护士时，想到了自己将要读医科大学的小女儿，将心比心，他鼓励小护士不要紧张，从而使小护士能够成功地完成任务。

将心比心，是老百姓常说的一句善解人意的俗语。如果我们在生活中多一点将心比心的感悟，就会对他人多一点尊重、宽容和理解；会使人与人之间多一些谅解，少一些计较和猜疑。作为领导，对待下属不能过分苛刻，不能鸡蛋里挑骨头般挑剔他们的工作。你希望别人怎样对待你自己，最好要先去那样对待别人。

第五章　管理寓言

以寓言故事为底料，精心烹制的领导智慧快餐。有关领导的理论说法复杂，以一个人毕生的精力未必研究透彻；说简单，一个浅显的道理就能让你的领导实践获益匪浅。工作之余作为消遣，床头灯下作为休息，读一读寓言故事，想一想管理的道理。身心放松之中你会忽然发现，领导的学问原来这样简单，久萦脑际的管理难题原来可以这样解决。

骆驼

在动物园里的小骆驼问妈妈："妈妈，为什么我们的睫毛那么长？"

骆驼妈妈说："当风沙来的时候，长长的睫毛可以让我们在风暴中能看得到方向。"

小骆驼又问："妈妈，为什么我们的背那么驼？丑死了！"

骆驼妈妈说："这个叫驼峰，可以帮我们储存大量的水和养分，让我们能在沙漠里经受十几天的无水无食条件。"

小骆驼又问："妈妈，为什么我们的脚掌那么厚？"

骆驼妈妈说："那可以让我们重重的身子不至于陷在软软的沙子里，便于长途跋涉啊。"

小骆驼高兴坏了："哇，原来我们这么有用啊！可是妈妈，为什么我们还在动物园里，不去沙漠远足呢？"

【管理之窗】

天生我才必有用，可惜骆驼身有异能却无处施展。在动物园里虽可供人欣赏，却白白浪费了一身的好本领。一个好的心态＋一本成功的教材＋一个无限的舞台等于成功。每个人的潜能是无限的，关键是要找到一个能充分发挥潜能的舞台。

经理先生，你是否已经为你的员工找到了能够使他们充分发挥潜能的舞台？有了这样的舞台提供给他们，相信他们会自己跑起来！

鼓励公司员工开动脑筋，挖掘其创造力，是许多成功企业普遍采用的激励管理方式，并形成了企业的创新文化。那么什么是激励？这是你进入激励迷宫之前首先要了解的东西。

激励是行为的钥匙，又是行为的键钮，按动什么样的键钮，就会产生什么样的行为。所以要研究“如何让员工跑起来”，首先要拿到“激励”这把钥匙！

蜈蚣与虫子

有一群虫子聚集在草地里一起聚餐联谊，它们一兴奋地聊着天，一边开心地吃着可口美味的食物．不多久，它们就把准备的汽水喝了个精光。

在没有汽水的情况下，大家口渴难耐，所以就商量要推举一个代表跑腿帮大家买汽水，而卖汽水的地方又离这里有一段很长的路程，小虫们认为要解决口干舌燥的急事，一定要找到一位跑得特别快的代表，才能胜任这样的任务。

大伙你一言我一语，环顾四周，挑来选去，最后一致推选蜈蚣为代表，因为它们认为蜈蚣的脚特别多，跑起路来，一定像旋风般的快。

蜈蚣在盛情难却的情况下，起身出发为大家买汽水，小虫们放心地继续嬉闹欢笑，一时忘记了口渴。

过了好久，大家东张西望，焦急地想蜈蚣怎么还没回来。情急之下，螳螂自告奋勇跑去了解究竟发生了什么事。它一推开门，才发现蜈蚣还蹲在门口辛苦地穿着鞋子呢！

【管理之窗】

人不可貌相，海水不可斗量。一般人常常会根据外表来判断一个人的能力或人格，然而，实际上看走眼的概率是相当高的。毕竟，一个人的能力或人品是无法单凭外表来评判的。此外，人们也常常产生先入为主的偏见，以为只要腿长或脚多，就一定跑得快。然而像故事中的蜈蚣一样，虽然脚多，却不见得跑得快。所以，客观地评估一个人的优缺点实在是有必要的，尤其对人事主管而言，在招聘或任用时，更应站在不偏不倚的角度，去除个人的偏见，甚至发展或建立一套客观的评估标准来选才、用才，才不会造成人力资源的虚耗或有人怀才不遇的遗憾。

小和尚撞钟

有个寺院香火还算不错，在当地一带还有点名气。这一天，寺院来了一个小伙子，请求住持让他出家为僧，干什么都行。于是，住持并为他举行剃度仪式，并安排他去撞钟。

小和尚开心的领命。每天按照寺院的规定早晚各撞一次钟。刚开始几天，感觉还挺新鲜挺好玩。可是，时间一长，他便感觉到撞钟的工作太简单、太枯燥无味了。于是，他就真正的“做一天和尚撞一天钟了”。

这样又过了几个月，住持突然宣布要将他调到后院去劈柴担水，并严厉的指责小和尚“不能胜任撞钟之职”。

小和尚很是纳闷：“住持方丈，难道我撞的钟不准时？或是不够洪亮”？住持告诉他：“你撞的钟非常准时，也很响亮，但钟声空乏、疲软，没有一点穿透力和感召力！因为你心中没有理解撞钟的意义。钟声不仅是寺里作息的准绳，更为重要的是唤醒沉迷众生。因此，钟声不仅要洪亮，还要圆润、深厚、深沉、悠远。一个人心中无钟，即是无佛；如果不虔诚，又怎么能担任撞钟之职？”

【管理之窗】

从表象看，小和尚没有把钟撞好，而被调去担任劈柴担水之职，似乎是在情理之中。但是，从另一个角度来看，小和尚没能将钟撞好，难道寺院或者寺院的领导者就没有任何责任了吗？

简单来说，如果从小和尚进得寺院的第一天起，其主管领导如果能够告诉他撞钟的要领及意义，或者在小和尚撞钟的过程中，及时指出他所存在的问题，结果可能不太一样。至少也不至于撞了数月钟而莫名其妙地被调换工作吧！

其实，反观我们职场生活中，又何尝不存在类似的问题呢？看看我们身边的厂企，员工频频跳槽或是被革职或是被解雇，真是他们不能胜任此工作吗？我看未必。这其中必定也有管理者的失误吧！记得在部队的时候，经常听领导讲过一句话：没有带不好的兵，只有带不好兵的带兵人！那么，应用到职场上，是否可以这样说：没有管理不好的员工，只有不会管理员工的领导？

从“小和尚撞钟”的小故事来看，我想可以得出以下几点管理心得。

1. 一定要抓好员工的入职（在职）培训。一个新员工入职，首先一定要接受公司的入职培训，作为人力资源部门或是直接管理部门一定要注重这方面的工作。要让新员工了解公司的基本情况、生产的产品、社会地位、公司的发展目标及愿景；在职责培训上，要让他清楚的了解：自己是负责什么工作的？我对谁负责？谁又对我负责？我的工作目的和意义在哪儿？只有经过这样的岗前培训，新员工才能了解公司，了解自己即将担任的职责，从而掌握好工作标准，给自己设定好职业生涯规划，进行“修行”！

2. 经理人及直接领导者要注重当好教练员的角色。现代职场中，许多企业的领导人都明白自己有一个新的角色——“教练”。能够明白这一点的领导，是一个英明的领导。回到小和尚撞钟的故事，其实那个住持或者说他的直接管理者，就缺乏“教练员”的心态，没有很好的把握好小和尚的心理活动。“心态决定行动，行动决定目标”。我们知道，一个“教练员”，不仅要传授学员基本的职业技能(或是指导一下专业技巧)，更主要的是要把握好学员的心理活动，发现问题及时解决，使之始终保持积极向上的心态。

3．职场管理切忌简单粗暴。现代职场中，大家都在强调“人性化管理”，可是，究竟何谓“人性化管理呢”？我想，也许没有几个可以说得非常全面。在个别的私有企业里，我们往往还会看到简单粗暴的管理作风，就像故事里的住持一样。看你撞钟不行，马上就把你调去劈柴担水。第一、根本缺乏起码的沟通管理程序。现代企业管理强调一点的就是：管理即沟通。很明显，只有沟通到位了，管理才能到位。小和尚被调去别的工作，一脸的茫然和莫名其妙，用我们现在的话来说就是：“都不知道自己怎么死的”，这就是缺乏沟通的生动体现；第二、其领导者省略了应有的指导、培训工作。任何一个人，面临一个新的环境、新的集体，新的工作岗位，都有一个适应过程。许多新员工被派发任务或安排岗位后，其主管人员就任其自身自灭，干好干坏全凭自己。我们都知道这样一句话：师傅领进门，修行在个人。问题是这样的“师傅”就压根儿没把人家领进门呀！所以，许多新员工碰到这样的领导，那就是他们的不幸了。灵活一点、好学一点、聪明一点的员工还好些，要是那些不是太灵活，性格内向的员工，也许迟早会面临调去干“劈柴担水”的活儿或是直接被辞退。

4．管理者要积极营造并发挥好集体的传帮带或是团结协作的精神。现代社会，从小到三五人的小部门，到成千上万的集团公司，无不在强调“团结协作”，河蟹的团队精神是成功的基础。因此，许多有点思想的求职者在写个人简历的时候，都不会忘了写上"与同事相处和谐，有良好的团队精神"等等之类的语言。话是这样说，可是，我们看到的又是什么呢？想想看，小和尚在撞钟的那几个月里，为什么没有师叔、师兄之类的来教导一下或是提出良好的建议呢？不难想象，在那个每个和尚高唱"以庙为家、以院为荣"的大集体里，其合作、团队文化是如何的肤浅和不堪一击？大概每个和尚都在一心的修自己的"行"吧！刚进庙的小和尚，不能胜任撞钟之职，从某一个角度来说，也是情理之中罢！

培养和营造和谐的团队氛围及团队合作精神，是每个部门主管及经理人的分内职责，只有建立好了良好的团队精神，营造好了良好的团队氛围，这个团队才能发挥巨大的潜能作用，才能无坚不摧。也只有这样，才能尽最大效能的发挥每个员工的主观能动性，避免"当一天和尚撞一天钟"的现象。一个集体如果真能做到这样，哪里还会出现"当一天和尚撞一天钟"的现象？又何怕为企业留不住必须的人才呢？

"小和尚撞钟"只是个别案例，但却能让我们窥见一斑，给予所有的管理者一些启迪。当然，任何事物都应一分为二的去看待，那就得见仁见智了。还是那句话：没有调教不好的员工，只有不会调教员工的管理者！如果你调教不好你的员工，我想，被"老和尚"调去"劈柴担水"的那一天离你也不会太远了！

老刺猬和三个儿子

有一只老刺猬，生了三个儿子。

大儿子生性懦弱，对待妈妈的话就像对待圣旨一样，唯命是从，是最听话的。

二儿子则与哥哥完全相反，妈妈的话对于它来说如同耳旁风一样，左耳朵进，右耳朵出，从来不走脑子，一心想的是脱离妈妈的管教，独立生活。

最小的儿子又与它的两个哥哥不一样，什么都敢想，什么都敢做，天不怕地不怕，只要它认为是正确的，九头牛都拉不回来。

有一天，老刺猬带着它的三个儿子上山采野果，大儿子按照妈妈的吩咐，见到一个果子就用身上的刺扎住一个，结果每次扎第二个果子的时候，第一个果子就被树枝刮掉了，扎第三个果子的时候，第二个果子也被树枝给刮掉了。最后，费了半天劲，它的身上总是留下一个果子。

老刺猬的二儿子遇到果子就把它吃掉了，结果吃了一路，肚子倒是吃饱了，可是身上一个果子都没有。

小儿子走了一路，也不去扎果子，也不去吃果子，而是一边走一边思考着什么问题。

小儿子走到老刺猬身边，对妈妈悄悄说："妈妈，我有一个好办法，可以扎好多的果子，那就是让我爬到山顶，然后蜷成团儿，从山顶上滚下去，身上自然就会扎上好多的果子，兴许还有成串儿的，像糖葫芦一样。”

老刺猬听到小儿子的意见后，并没有马上表态，而是把它的二儿子叫到了一边，把这个意见和它说了。

此时，二儿子的嘴里正在吃着一个果子，也不知道它听没听到妈妈的话，反正是脑袋在胡乱地点着。

老刺猬认为二儿子同意了这个意见，就把老大叫过来，对它说了这个主意，老大立刻爬到了山顶，把身子蜷成了一团儿，从山顶滚了下来，结果身上果然扎了不少果子，而且也有像糖葫芦一样的“果串儿”。

但是，由于大儿子从山上滚下来的速度太快，无法控制住自己的身体，结果，它一头撞在了树上，血流不止。

老刺猬好像发疯一样冲到大儿子身旁，泪流满面，开始责备小儿子：“你看你出的是什么馊主意，把你大哥害成这样！”

小儿子委屈地说：“我也没让大哥来做这件事啊，我是说我来做，我原来在山上也这样滚过，有一定的方法了，大哥从来没有做过这样的事，当然掌握不住方向，就很容易撞到树上了。”

此时，在一旁的二儿子发言了：“我早就看出这个主意很危险，老三的主意一般都会很危险的。”

老刺猬转过头去看着二儿子，嗔怪道：“你明知道这个主意很危险，为什么还总是点头，表示同意呢？”

二儿子也非常委屈地说：“刚才是我吃果子的速度太快，被噎住了，所以才不住地点头，我并没有表示同意呀。”

老刺猬听后一屁股坐在地上，一句话也说不出来了。

老刺猬的三个儿子，可以说是各有特点。但是老刺猬却没有能做到很好的把握，他让大儿子去执行小儿子的意见，这本身就是个错误。归根到底，老刺猬对它的儿子们的了解实在是太少了。

【管理之窗】

企业中有很多是年轻有为而又具有鲜明个性的员工，他们的特点大多是敢闯敢拼，求胜欲望强。对于企业领导来说，如果切实地用好这样的人才，对于企业的发展是会大有裨益的。

下面我们对年轻员工的类型进行一下分析，他们大致分为三类：好胜型、独立型和听话型。

不论是哪种类型的员工，他们都具有一个共同的特点，就是都有着一股干劲。区别就在于在他们当中，有的是不懂得怎么实际操作，有的是不安于现状，有的则是不愿意倾尽全力。因为他们有年轻的资本，所以有这样的心理并不为过，企业的领导者如何把这些思想加以凝聚，便成了当务之急的重任。

企业领导要想用好这样的人才，首先要重视他们，不能因为他们年轻，缺少工作经验便随意地忽视他们。

首先，领导者学会应把一些重要的任务交给他们做，是对年轻下属最大的奖赏，可以使他们的心里产生一种自豪感，从而激发其斗志，使其更好地投入到工作中去。

其次，要求领导者能够做到及时地传授经验，给予指导，能够纠正他们在工作中的错误，也就是相当于为他们规划出一个引导正确方向的轨道，以免他们因经验不足而冒进为企业带来损失。

还有，少批评，多表扬，是鼓励他们工作干劲的最佳办法，除非出现比较重大错误的时候。

另外，对于他们提出的建议，在有经验的人看来，有的建议没有丝毫用处，甚至是十分可笑的。但是，作为企业管理者，绝不能对这样的建议置之不理，更不能当场驳回，要对他们的这种精神给予及时的鼓励，并对其建议进行指导，这是调动他们积极性的好办法。

最后，最好不要对他们采取“高压政策”，年轻员工是极富有个性的群体，他们的思想最活跃，同时，他们的忍受力也是最低的，如果领导用强硬的口气或用权威压制他们的同时，他们的逆反心理也就会随之膨胀，对于今后的管理只能是增加障碍，没有任何好处。

青蛙王国的国王

青蛙们没有国王，看到别的动物都有国王，所以认为自己也应该有一个国王来统治。于是请神指派一个国王给他们。

神觉得它们的行为特别可笑，便将一根又圆又粗的木头扔进池塘里。青蛙们听到木头落下的声音吓了一大跳，全都潜到深水里去了。

这个由神扔下来的木头，被青蛙们认为是神赐予的国王，其实它只是根普通的木头，没有什么特别的，但当它出现在水面时，整个池塘比平日安静多了。或许是畏于这个一言不发的国王的威严，他们彼此说话的声音小多了，而且每当要爆发一场口角或武斗时，他们会顾及到国王的存在，便互相地克制，一场战争也就在无声中平息了。

但好景不长，平静的日子并没有持续太久。青蛙们每天面对这个木头国王，很快就厌倦了。而且当他们做出一些出格的事情时，这个国王并没有任何的反应，更谈不上处罚他们。于是青蛙王国里又恢复了往日的热闹与喧哗。王国里比以前还多了一个游戏的场所，那就是他们的木头国王。经过一段时间的疯狂与混乱后，又有青蛙向神提出他们必须要有一个国王：请重新给我们派一个新国王，我们需要一个活生生的，而且十分强健的国王。

于是，青蛙王国新的国王从空中下来了，竟然是一只强健的鹤。鹤一落到池塘里，连招呼都没打，就把一只只青蛙吞进肚子里了。

【管理之窗】

公司就是一个微型的小王国，你就是这个王国的国王。好的国王是威严而仁慈的。威严表示你一丝不苟，赏罚分明；仁慈则表示你有爱心并且有情谊。在公司中对员工进行管理时，有两大忌：一、与员工太亲近；二、对员工太威严，会让他们没有安全感。

蜜蜂和农夫

农田的旁边有三丛灌木，每丛灌木中都居住着一群蜜蜂。

农夫觉得，这些矮矮的灌木没有多大的用处，心想，还不如砍掉了当柴烧。当农夫动手砍第一丛灌木的时候，住在里面的蜜蜂苦苦地哀求他："善良的主人，您就是把灌木砍掉了也没有多少柴火啊！看在我们每天为您的农田传播花粉的情分上，求求您放过我们的家吧。"农夫看看这些无用的灌木，摇了摇头："没有你们，别的蜜蜂也会传播花粉。"很快，农夫就毁掉了第一群蜜蜂的小家。

没过几天，农夫又来砍第二丛灌木。这时候冲出来一大群蜜蜂，对农夫嗡嗡大叫："残暴的地主，你要敢毁坏我们的家园，我们绝对不会善罢甘休！"农夫的脸上被蜇了好几下，他一怒之下，一把火把整丛灌木烧得干干净净。

当农夫把目标定在第三丛灌木的时候，蜂窝里的蜂王飞了出来，对农夫柔声说道："睿智的投资者啊，请您看看这丛灌木给您带来的好处吧！您看这丛黄杨木的木质细腻，成材以后准能卖个好价钱！您再看看我们的蜂窝，每年我们都能生产出很多蜂蜜，还有最有营养价值的蜂王浆，这可都能给您带来很多经济效益呢！"听了蜂王的介绍，农夫忍不住吞了一口口水。他心甘情愿地放下斧头，与蜂王合作，做起了经营蜂蜜的生意。

【管理之窗】

面对强大的对手，三群蜜蜂做出了三种选择：恳求、对抗、与对手共赢，而只有第三群蜜蜂达到了最终的目的。

商业竞争就是利益之争，如果把商业看做一场“零和博弈”，对手得益就意味着自己受损，那么结果往往是两败俱伤，西班牙焚烧中国鞋便是典型的例子。要知道，在全球化时代，没有一家企业能够依靠单打独斗战胜所有的对手，也没有一个企业可以满足所有消费者的需求。为了生存，企业必须学会与对手共赢，把商业竞争变成是一场双方得益的“正和博弈”。海尔与三洋合作，从而借助三洋的销售网络打入全球家电业最发达的日本市场。温州的制鞋企业奥康集团与意大利最大的鞋业企业GEOX公司合作，为GEOX加工产品，借GEOX的销售网络卖自己的品牌，同时还学到了先进的生产技术和设计理念。

与对手共赢，就是以较小的代价换取更大的利益，这种策略类似于棋局中的弃卒保车，它应该成为经营者的必备技巧。

一个黄羊王国的覆灭

草原上生活着许多动物，有野马、野牛、野驴、野羊、狼、狮子等等，在这些动物当中有一个黄羊王国。黄羊王国的成员们大都体格强健、机警灵敏，因为只有这样他们才能躲避狼群、狮子的追捕，也才能在与其他动物或其他黄羊群体争夺领地的战斗中获胜。因而，对于这个黄羊王国来说，这片草原处处存在着危机，于是这个王国的所有成员每时每刻都保持着高度警觉的状态，随时准备对付猛兽们的追捕，也随时准备为保卫自己的领地而战斗，同时还要面对草原上瞬息万变的恶劣天气。就是在这种危机四伏的生存环境中，这个黄羊王国不断壮大，成为草原上最大的群体。这个群体有着极强的团队精神及战斗力，有时就连一些小的狼群或独行的狮子见了他们也要躲避。然而，即使他们的力量再强大，也毕竟都是黄羊，草原上的战斗随时都可能发生，黄羊王国的成员们自然也随时面临着伤亡。强者生存，这在草原上是极正常的事情。

在一次对付狼群的战斗中，黄羊王国的老国王为了保护王国成员牺牲了，他的儿子继承了王国的王位。新国王继位以后，还是久久不能从失去父亲的悲哀中解脱出来，同时他也不想再看到王国的成员丧生在狮子与狼们的口中。经过长时间的思想斗争，新国王决定带领王国成员离开这个地方。在仔细的考察与打探之后，他们终于发现了一块自认为理想的生活之地。这里三面环山，草肥水美，而且没有猛兽出没。于是，黄羊王国便举国迁移到了这个地方。

新的领地的确是个好地方，不仅风景秀丽、气候宜人，同时也没有了狼群与狮子们的骚扰。黄羊王国的成员们在这里平静地生活着，再不需要为躲避追捕而奔跑了，也不需要为争夺领地而战斗了，再加上水草肥美，大家不需要走出多远就能吃得饱饱的，慢慢地成员们一个个变得肥嘟嘟的，失去了以前的强健与灵巧。看着大家悠闲、富足的生活状况，黄羊王国的新国王不由得为自己的决策而喝彩。

转眼进入了冬天，黄羊王国还储存着足够的粮草，看来过一个富足的冬天也是没有问题的。进入深秋，草原上突然下起了暴风雪。连续三天的暴风雪把大地变成了白茫茫的一片，厚厚的积雪及强劲的西北风使草原变得寒冷起来了。按说这样的暴风雪在草原上不是最大的，凭着黄羊王国的成员们以前的体力状况，这点暴风雪根本算不上什么。可黄羊王国成员们现在的身体状况已经远不如从前了，一个个肥嘟嘟的身体在雪地里行走一步都难，想逃出这冰天雪地根本是妄想。那个曾经浩浩荡荡奔跑在草原上的黄羊王国，在一场并不太大的暴风雪袭击下彻底覆灭了。

【管理之窗】

黄羊王国覆灭的故事告诉我们一个道理，一个人或一个企业处于激烈的竞争中或危机状态，其活力是最强的，同时也是最具创造力与战斗力的。一旦处于和平、安逸状态，其活力及战斗力就会大大降低，其创造力也会大大减弱。此时，就离彻底衰落不远了。这就是为什么许多企业能在激烈的竞争中脱颖而出，反而会在拥有绝对市场优势的情况下会被突来的危机所击倒。竞争与危机并不可怕，竞争与危机才是企业发展的真正动力。

野猪的悲剧

虎王已到垂暮之年，将王位让给了他的儿子。众兽前来道贺，他们为表达对新国王的臣服，献上了自己猎取的最丰美的食物。其中野猪的礼物最为丰富，原因在于在新国王的弟弟很小的时候野猪爸爸曾经将它误伤，这件事情整个森林王国众兽皆知。

新的虎王凭借自己的智慧与胆魄，短短几年将森林治理的山清水秀，鸟语花香，众兽也是膘肥体壮，皮毛丰美。森林里少了杀戮，多了宽容，少了争夺，多了分享。虎王"包容与和谐"的理念深入兽心。

但是唯有野猪一家破巢断壁，骨瘦如柴。因为虎王的弟弟讨厌自己头上的象征王威的"王"字上面的那块伤疤，现在看上去更像个"土"字，这正是野猪爸爸当年干的好事。虎王也觉得这给它这个国王丢了不少脸，为此虎王分配给野猪一家的领地是最小的，食物是最少的，而供奉确是最多的。

饥寒交迫中，野猪爸爸终于在悔恨中死去。葬礼上只有身患绝症的老牛前来悼哀，其他动物谁都不愿意和这倒霉的野猪家扯上什么关系，唯恐给自己带来麻烦。

不久老牛病重死掉了，但大家都认为老牛的死远远没有那么简单。

一群小动物们聚会讨论为什么野猪家和老牛那么可怜，大家七嘴八舌说出来很多版本的理由，但最后大家达成一致意见，那就是不能和野猪家有什么来往。

年复一年大家似乎再也不会提起野猪。小动物们几乎不知道当年发生过什么，但是它们从出生就知道必须远离野猪。

野猪爸爸死去以后，小野猪无奈的开始它的流浪生活，饥寒、孤独、冷漠伴随着它一路。一个寒冷的清晨它来到了一个完全陌生的地方，发现了一群没有獠牙但与自己长相十分相似的家伙，它看到这帮家伙欢天喜地的围着一个大木盆美美的吃了一顿后满足的散去，在饥饿的驱使下它走到了木盆旁，里面还有些残羹冷炙，这些食物吃起来虽然不那么鲜美，但这是它有记忆以来难得的一个可以吃饱的早晨。一连几天它每天早晚都能或多或少的从那个木盆里享用一些食物，它还注意到每天定时有人给这些家伙供应食物，晚上这些家伙也能在遮风避雪的地方安静的睡觉。而且它觉得这帮家伙似乎并没有那么可恶，没有谁打算主动攻击他，但它的经历提醒它要时刻准备保护自己或者去攻击这些家伙。

一天早晨，这群家伙吃饱离开木盆后他再次走到木盆前，可是这次木盆已经见底了，它几乎没有吃到什么东西，为此它跑到附近的一个玉米地里开始它习惯性的“偷食”行动，可是刚咬下一口就感觉身后一个硬邦邦的东西生生的砸在它的身上，逃跑对于它也是基本的技能，可是它还是挂彩了。晚上它又溜回了木盆附近，几个好事者远远的看着它，品头论足，对它好一顿嘲笑，嘲笑对它来说是多么正常的事情，对此它已经麻木了。

晚上一如既往的寒冷，饥寒交迫而且受了伤的它稀里糊涂地睡去了，就在这天半夜它被人逮住了，用很粗的绳子将它绑起来关在一个土圈里，它试图逃跑但是没有成功，不过他惊喜的发现，每天也有人定时来给它食物，晚上在土圈里睡觉也比在外面露宿舒服很多，而且那些没有獠牙的家伙也不敢轻易靠近它，更不敢和他夺食，因为它们根本不是自己的对手，回想起它从小以来的生活经历它再也不想逃跑了，它想在这里安逸地长大，它幻想着自己足够强大的时候回到老虎王国，向那些曾经逼得它走投无路的家伙报复，甚至幻想过杀掉国王，自己称王称霸。

日复一日，它每天定时享用着食物，吃饱了就在圈里拱墙刨土，睡大觉，自己的体重也一天天的重了起来，当然它一直没有放弃回到森林王国称王称霸的念头。

终于有一天，它又被人们用粗绳子五花大绑了起来，一把明晃晃的刀子隔断了它的咽喉，在刀子割下去的那一刻它几乎没有做出反抗。

【管理之窗】

家族企业大都是从小作坊、小商铺发展起来的，在创业之初为了生存、为了发展充满了竞争性与拓展意识，能承受压力，抵抗挫折，但随着企业的不断发展壮大，大多数企业虽然永远不会放弃做大做强的念头，但往往会因为相对安逸的经营环境和已经具有较强的抗风险能力而淡漠危机意识，等到危机真正来临的时刻就束手无策，任人宰割。

海马的焦虑

小海马有一天做了一个梦，梦见自己拥有了七座金山。

从美梦中醒来，小海马觉得这个梦是一个神秘的启示：它现在全部的财富是七个金币，但总有一天，这七个金币会变成七座金山。

于是它毅然决然地离开了自己的家，带着仅有的七个金币，去寻找梦中的七座金山，虽然它并不知道七座金山到底在哪里。

海马是竖着身子游动的，游得很缓慢。它在大海里艰难地游动，心里一直在想：也许那七座金山会突然出现在眼前。

然而金山并没有出现。出现在眼前的是一条鳗鱼。鳗鱼问："海马兄弟，看你匆匆忙忙的，你干什么去？"海马骄傲地说："我去寻找属于我自己的七座金山。只是……我游得太慢了。""那你真是太幸运了。对于如何提高你的速度，我恰好有一个完整的解决方案。"鳗鱼说，"只要你给我四个金币，我就给你一个鳍，有了这个鳍，你游起来就会快得多。"海马戴上了用四个金币换来的鳍，发现自己游动的速度果然提高了一倍。海马欢快地游着，心里想，也许金山马上就出现在眼前了。

然而金山并没有出现，出现在海马眼前的，是一个水母。水母问："小海马，看你急匆匆的样子，它想要到哪里去？"海马骄傲地说："我去寻找属于我自己的七座金山。只是……我游得太慢了？""那你真是太幸运了。对于如何提高你的速度，我有一个完善的解决方案。"水母说，"你看，这是一个喷汽式快速滑行艇，你只要给我三个金币，我就把它给你。它可以在大海上飞快地行驶，你想到哪里就能到哪里。”海马用剩下的三个金币买下这个小艇。它发现，这个神奇的小艇使它的速度一下子提高了五倍。它想，用不了多久，金山就会马上出现在眼前了。

然而金山还是没有出现，出现在海马眼前的，是一条大鲨鱼。大鲨鱼对它说：“你太幸运了。对于如何提高你的速度，我恰好有一套彻底的解决方案。我本身就是一条在大海里飞快行驶的大船，你要搭乘我这艘大船，你就会节省大量的时间，大鲨鱼说完，就张开了大嘴。

“那太好了。谢谢你，鲨鱼先生！”小海马一边说一边钻进了鲨鱼的口里，向鲨鱼的肚子深处欢快地游去……

【管理之窗】

在一个盛行速度崇拜的时代，有不少管理者把诸多的管理问题归结为速度的问题，又把速度问题简化提速的问题。他们像那条海马一样，对“慢”的焦虑成为他们的基本焦虑——“我去寻找属于我自己的七座金山。只是……我游得太慢了？”于是，他们把企业的发展战略简化为“买入”战略——用金钱来购买速度。

然而，在只有强烈的发财愿望而毫无目标管理可言，企业的经营尚处“漫游状态”时，快或慢是没有分别的。因为此时我们找不到一个参照系来判定多快才算快，多慢才算慢。

正像我们在海马故事中看到的，为快而快的发展模式最终可能使企业被“速度之魔”耗尽资源并且欢快地走向灭亡。

混乱的战略、模糊的目标，极可能使企业陷入一种可怕的“商业浪漫主义”之中。作为商业浪漫主义的典型形态，漫游式经营暗中注定“通向盈利之？”其实是“通向毁灭之路”。

一个人如果没有明确的目标，没有“正业”，他就会滋生出很多零碎的爱好和荒诞无稽的“浪漫情怀”。对于一个企业来说同样如此。在一个市场化程度不高、客户成熟度低的商业环境中，可能有以浪漫的管理手法获得成功的企业，可能会有诗人、哲学家式的企业家。然而随着市场逐渐成熟，客户的鉴别力和权力意识的增强，此类企业和企业家会逐渐绝迹。20 世纪 80 年代在中国翻云覆雨的商界名流几年来纷纷落马，就是一个旁证。

由此我们想到了马克思曾经讲过的哲学家和船夫的故事。

一个哲学家与一个船夫之间正在进行一场对话。

“你懂哲学吗？”“不懂。”“那你至少失去了一半的生命。”“你懂数学吗？”“不懂。”“那你失去了百分之八十的生命。”

突然，一个巨浪把船打翻了，哲学家和船夫都掉到了水里。看着哲学家在水中胡乱挣扎，船夫问哲学家：“你会游泳吗？”

“不……会……”

“那你就失去了百分之百的生命。”

四个小孩和一个狗熊的故事

某一天，山顶上有四个小孩做游戏，就在他们玩儿得最投入的时候，突然，山下的树林里“哗啦”一声，窜出来一条大狗熊。这狗熊虽然步履蹒跚，但它与时俱进地向山顶走来，这四个小孩儿心里都清楚，这个狗熊到山顶将开展什么样的“创新工程”。

其中一个小孩，反应特别快，拔腿就跑。这是一个专门练短跑的小子，一口气跑出了好几百米。凡人遇到危机的时候，往往首先拿出自己的第一核心竞争力来摆脱危机。这小子跑出很远，感觉身后没有动静，自觉暂时安全了，才回过头来向山顶望去，人只有自觉安全的时候才关心其同类（“雷锋”除外）。小孩发现，他的三个小伙伴还在山顶，没动！于是，他着急了，向山顶喊：“你们三个快跑啊！狗熊上来是要吃人的”。

第二个小孩回答说：“你说的是废话，谁不知道狗熊要吃人，你只知道狗熊会吃人，狗熊还有一个核心竞争力，他最善于长跑，你跑有什么用？我的第一任务不是跑，而是穿好跑鞋，系好鞋带儿，我不用跑过狗熊，反正我也跑不过狗熊，我能跑过你就行了！”

第二个小孩转身看了看第三个小孩儿，问道：“你在这儿愣着做什么？”

第三个小孩儿说：“你们两个都跑走吧，你们快点跑，最好跑得无影无踪，千万不要干扰了狗熊的视线，我要让狗熊离我近一点，保持安全距离即可，然后，我带着狗熊跑，跑过山下那条小河，我将带着狗熊走进‘新时代’，把它带到我爹开的森林动物园，白白地给我爹融入一头固定资产”。

第三个小孩儿问第四个小孩儿：“你为什么不走，你有什么打算，你想等死吗？”

第四个小孩儿说：“我们四个人来此地的目的是痛快地玩一场，轻易不要改变初衷。整理、判断、创新，决策三大步，没有整理就别判断，没有判断就别创新。你怎么知道狗熊是奔我们来的？也许狗熊的威胁根本就不存在！”大家定睛向山下望去，发现山坡上有一头猪，原来狗熊是奔猪去的，大家接着玩……

【管理之窗】

这是现代策划理论中的一个经典故事，它引出的道理很深很深。

人有四种血型，人在决策时也有四种“思型”：保守型、竞争型、投机型、理想型。

保守型，如第一个小孩，先从自我所能入手来考虑，自己擅长跑，也不问能跑是否有用，起来就跑。

竞争型，如第二个小孩，先从对手所弱入手来考虑，发现竞争不过狗熊后，便把伙伴列为对手，找到比较优势，做好竞争准备。

投机型，如第三个小孩，先从市场所需入手来考虑，在危机中发现机会。

理想型，如第四个小孩，先从目标所定入手来考虑，轻易不放弃自己的既定目标。

因为保守型的人决策时先想到自我，所以，也被称为“M”型 (myself)；因为竞争型的人决策时先想到竞争对象，所以，也被称为“O”型(object)；因为投机型的人决策时先想到环境，所以，也被称为“E”型(environment)；因为理想型的人决策时先想到目标，所以，也被称为“G”型(goal)。

哪种思型好？都好，都不好，各有利弊。M型务实，但过于保守者愚笨，不灵活；O型灵活，但过于竞争者自私，甚至残忍；E型实用，但过于投机者冒险，不安全；G型坚定，但过于理想者就是死心眼儿。

在网上，被常称为“小木”“小M”的，可能你经常以自己之心度人家之意，不站在别人的立场想问题。被常称为“小欧”“小O”的，你可能太要强，常和别人比，争强好胜一族。被常称为“小义”“小E”的，你可能表现得见异思迁，跟着环境变。被常称为“小急”“小G”的，你可能是表现得不达目的决不罢休的劲头。

而实际上，最佳的思型是MOEG，每个决策都保守竞争投机理想。所以，从某一个侧面出发，看似正确的决策很多，而从四个面上看，都显得正确的决策，却很少很少。

人们为什么忙碌，是因为经常做出片面的决策，经常从一个片面决策换到另一个片面决策，只有找到正确的决策才不再瞎忙。

保守维系的自我（M）、竞争维系的对象（O）、投机维系的环境（E）、理想维系目标（G），四者圈起来的范围，学科上称之为“四面定位”。

四面都定不了位，那就是“四面楚歌”了，绝望了。

想“自我”，两个极端是长和短，保守思型的人常用理念是“扬长避短”；想“对象”，两个极端是敌和我，竞争思型的人常用的理念是“克敌利我”；想“环境”，两个极端是利和害，投机思型的人常用的理念是“兴利弊害”；想“目标”，两个极端是高和低，理想思型的人常用的理念是“从高就低”。

长、短、敌、我、利、害、高、低，此为“八方”，可见头脑世界和自然界一样，也有“四面八方”。

知道了“四面八方”和四个“思型”原理，研究别人的思路时，就可以先判断判断对方的出发点，知道对方是从哪里出发的，你就知道守在哪里等着对方。研究自己的思路也是一样，它可防止自己落入思维陷阱，执迷不悟的状态就是因为偏守某一个方面，没有四面八方地想造成的。

做别人的思想工作，其基本原理就是换一个方面去引导对方重新认识问题。

钱币上的苍蝇

只要说起苍蝇，很难有人喜欢。与肮脏为伍，与细菌相伴，不仅自己脏，还想方设法玷污人类的食物。赶不尽，杀不绝，有着超级旺盛的繁殖力。

可是，这么龌龊的无赖和恶棍形象，却堂而皇之地上了一个国家的钱币。而这个把苍蝇搬上钱币，给了苍蝇无上尊崇的国家就是澳大利亚！

澳大利亚是个优美得让人羡慕，洁净得令人吃惊的国家。为什么澳大利亚人会把苍蝇弄到他们国家50元面值的纸币上呢？

经了解才知道，苍蝇是澳大利亚人的骄傲！因为这个国家的苍蝇，不与肮脏为伍，不与细菌相伴。

一个在澳大利亚生活的华人向我描述了很久以前苍蝇的重生过程。

原来，澳大利亚的苍蝇也曾生活在污秽不堪的地方，勤劳的澳大利亚人把苍蝇赖以生存的藏污纳垢之地统统消除殆尽。从城市到乡村，从山谷到河畔，举目是云朵般的鲜花和地毯一样的绿草。世代生活在肮脏环境中的苍蝇，骤然失去了它们的家园。

最终，澳大利亚的苍蝇绝望了。在这个国家，它们再也找不到一处肮脏恶臭的地方。苍蝇痛恨人类毁灭了它们的栖身之所，让它们失去了生存的根基。苍蝇们为了活下去，不得不痛苦地改变了饮食习惯。

苍蝇的先辈们经过无数次的尝试，终于为这个物种找到了新的食物——植物浆汁。

它们当然不习惯这种食物，可为了活下去，只好边咒骂边吞下这难以下咽的东西……

就这样，一代一代薪火相传，生活在澳大利亚的苍蝇，早已忘记它们吃腐臭食物的习惯，它们的饮食习惯竟与高贵的蜜蜂一模一样，采食花蜜。同时，苍蝇也承担起蜜蜂的职责——为庄稼和树木传授花粉。

而且，澳大利亚畜牧业发达，牛羊成群，但劳动力不足，成千上万牛羊的粪便没有人去清理。当地科学家在实验室里研究出一种不携带细菌的苍蝇，用它们去消化草原上的粪便，但它们自身又不会携带细菌。所以，在澳洲，苍蝇是人类的朋友，人们不会拿苍蝇拍去消灭它。

丑陋裂变为美丽，肮脏转化为洁净，低贱升华为高贵。澳大利亚的苍蝇从被人唾弃的泥沼中奋力爬出来，摇身一变成为可爱的小天使，受到人们的青睐和尊崇。

澳大利亚人当然越来越喜欢苍蝇，这小小的生灵为他们的美好生活贡献巨大。于是，他们让苍蝇登堂入室翩然飞落到他们国家发行的50 元纸币上，让人们永远感谢苍蝇为这个国家立下的功勋。

【管理之窗】

只要认识到位，方法对头，持之以恒，多难的事也能做成，多大的麻烦也能变得有头绪，多复杂的矛盾也能变得很简单。

与其抱怨别人，不如改变自己。你自己改变了，也可能一切就会改观。

小矮人们的力量

在古希腊时期的塞浦路斯，有一座城堡里曾经关着一群小矮人，传说他们是因为受到了可怕咒语的诅咒而被关到了这个与世隔绝的地方。他们找不到任何人可以求助，没有粮食，没有水，七个小矮人越来越绝望。

小矮人们没有想到，这是神灵对他们的考验，关于团结、智慧、知识、合作的考验。

小矮人中，阿基米得是第一个收到守护神雅典娜托梦的。雅典娜告诉他，在这个城堡里，除了他们呆的那间阴湿的储藏室以外，其他的25个房间里，有1个房间里有一些蜂蜜和水，够他们维持一段时间；而在另外的24个房间里有石头，其中有240块玫瑰的灵石，收集到这240块灵石，并把它们排成一个圈的形状，可怕的咒语就会解除，他们就能逃离厄运，重归自己的家园。

第二天，阿基米得迫不及待地把这个梦告诉了其他的六个伙伴，其中四个人都不愿意相信，只有爱丽丝和苏格拉底愿意和他一起去努力。开始的几天里，爱丽丝想先去找些木柴生火，这样既能取暖又能让房间里有些光线；点把240块灵石找齐，好快点让咒语解除；三个人无法统一意见，于是决定各找各的，但几天下来，三个人都没有成果，倒是耗得筋疲力尽了，更让其他的四个人取笑不已。

但是三个人没有放弃，失败让他们意识到应该团结起来。他们决定。先找火种，再找吃的，最后大家一起找灵石。这是个灵验的方法，三个人很快在左边第二个房间里找到了大量的蜂蜜和水。

【管理之窗】

显而易见，一个共同而明确的目标，对于任何团队来说都非常重要。

在实践过程中，可能会有不同的因素妨碍团队合作。比如说，生产部门生产的产品，销售部门发现销售不畅；设计人员可能不考虑生产部门的难处或市场需要，要求开发出一种全新设备；组织内部的等级制造成老板和下属之间的摩擦和误解，下属抱怨老板根本不想理解他们的问题，而老板对下属的漠然和无动于衷也颇有微词，由此可见，企业只有具备了明确的目标，并且在组织内部形成紧密合作的团队才能取得成功。

如何画自己的圆

一学者拜师于隐居世外的一高人门下。历经三年寒暑，此人觉得已将高人之学识尽纳于腹中，于是前去辞行。老者听其言，不语，面带笑容，拿起一树枝，在地面画了一个大大的圆，等了许久，又在圆的外边画了一个更大的圆。最后，老者扔掉手中的树枝，捻着银白的胡须而安然的闭目养神。此人琢磨许久，不得其意。

老者视其窘状，睁开眼睛，释然而笑："你可知道，这正是我给你的答案。第一个圆代表了你初始的学识，当你熟识了圆中的一切，如果你只看到圆中的事物，那么你就会在自己画的这个圆里故步自封，最终你所了解的只是圆中的事物。而外边的圆，则是现在你的学识，虽然你已经突破了自己原来的那个圆，但是你有没有想到圆外边还有着更大的空间，还有更多事物你并没有了解，所以说，在任何时候，无论做人和做事，都像在画圆，当我们画的越大的时候，就明白我们就懂得越少。"

【管理之窗】

人生其实就是一个圆。当我们出生时候就是赤裸裸的来到这个世界，什么也没有带来，当我们走的时候，又能够带走什么呢？什么也不会带走。从起点到终点，人生就是一个画圆的过程。那么我们怎么去画自己的圆呢？我认为我们应该不断否定自我、超越自我，从而完善自我。如果我们就像上面故事里的哪个学者，当我们学到了一些知识并掌握它们的时候，千万不能沾沾自喜，以专家或者行家自居，一味痴迷、执著地去修正自己所画的这个圆是不是完美，是不是无懈可击？如果这样的话，我们是在作茧自缚，自己给自己挖好了一个埋葬自己的坑。

对待这个问题，我们应该有一个理智而清醒的认识。我们应该在已经掌握的知识基础上，去画一个更大圆。要画这个圆，我们就必须拿出更大的勇气和决心，这将意味着我们要否定自己眼前的成绩，同时面临着又一个起点。这就好像是跳高，当我们跳过了3.12米高度的时候，我们不应该在这里讨论我起跳姿势是否优美，我的助跑速度是不是完美……这一切研究起来是没有多大作用的，我们更应该明白的就是我们如何去跳跃过3.12以上更高的高度。人类最终目的不是停留在某一个点上，而是要不断挑战自己的极限。说到这里，我想既然我们的人生画了一个圆，那么我们就应该去画另外一个更大的圆，这同样是对我们自己极限的挑战。

俗话说："打江山容易守江山难"，为什么说打江山容易而守江山难呢？这首先就是一个心态问题，打江山的人具有一种危机感，他们在原有基础从不满足，不断挑战自我，所以在东征西讨的军旅生涯不断创造辉煌的业绩。而守江山为什么难呢？因为此时此刻，心态与早期已经不同，守江山的人已经失去原来打江山的勇气，只想守住自己手中的一切，惧怕任何变革和改变，所以发展的脚步就会放慢，这样一头雄师变做了一头肥猪，从壮志雄心创造历史到贪婪享受抱残守缺，最终的结局就是自己把自己送到了屠宰场。这里我举几个例子，历史上成吉思汗的铁骑曾是何等的威风，打下了中国历史上最大疆域，让欧洲惊恐形容为："黄祸"。然而，当蒙古人满足时候，他们马放南山，不出几年的时间，竟然让一个讨饭的和尚夺得了天下。清代的八旗子弟最初时候可谓如狼似虎，从关外一直打入关内，建立一统江山，而到了清代后期，八旗子弟就成为无所事事、吃喝玩乐的代名词。导致这样的结局原因，就是他们已经满足在画好圆里面享受，而不是去画一个更大圆。我想过去我们曾经闭关锁国了多少年，守在自己画好的圆里面自做老大，以天朝上国自居。结果呢，我们被自己所鄙视的茹毛饮血的蛮夷，用铁舰火炮硬是轰开了大门，在我们自己画的圆里肆无忌惮，从此中国了遭受多少年屈辱和摧残。

大到国家，小到企业和个人，同样也是这个道理，经营企业和做人何尝不是如此？我们不要带着满足的心态，一味只谈眼前的圆是不是完美，而是应该在已有的基础上去开拓一个更大的圆。人生只有在不断地超越自己，才能寻找到自我的价值。现在您是否想好了，敢不敢画一个更大的圆呢？

第六章　集思广益

领导就是一种英雄之旅，不断追求人文素养、宗教关怀、历史意识，分享爱心、鼓舞信心，迈向未来与希望，领导就是希望的化身。领导力就是回顾过去，掌握现在，具有历史纵深，就能往前迈进，具有透视感，领导者就是攀上阳台，极目四眺，看到远方的愿景，鼓舞追随者落实愿景。

用人之道

怎样获得员工的心

有一位资深的老厂长，管理了一辈子，他对管理的精髓归纳总结为八个字：“软硬兼施，恩威并重”。笔者觉得在某种程度上也有一定的道理，企业管理如果单单纪律严明，制度体系健全完善，但是没有人情味，缺少人性化管理也不会起到预期的效果，是“不完整的管理”。

那么，如何俘获员工的心灵？怎样施以“恩”，怎么个“软”管法？得令人好好琢磨一番。

众所周知，企业管理的核心是人，主要是人的管理，人管好了，其他都可以理顺，人是一切的根源。而管人管什么？管心！“俘获”了员工的心，其他事自然水到渠成，但往往是人心最不好管，因为人不是物，是有血有肉、有七情六欲的高级动物，需求很多且很复杂，须认真加以研究，吃透方能领略其奥妙之处，用起来才能得心应手。

首先，了解员工的心，知道他在想什么，他想要什么，他的愿望、追求和目标，还有他的价值取向和面临的问题，知其所求，尽量的创造条件满足他，能力到了给他晋级，能独当一面的时候给他一方天地，给他提供内部创业的平台，但是要建立在对企业、于公于私都有利有益的前提下。你给他的应该是他想要的，要学会对症下药。

其次，要真心关爱员工，不要高高在上，不要以老板雇主自称。

优秀的员工是企业的一笔财富，是财富的创造者，是合作关系，不要简单的理解成是雇佣关系。当成雇佣关系，他就是“雇佣军”，而非“志愿军”，他应该是在为自己而做，而“雇佣军”仅仅是为了钱，为了那份薪水，谁给的钱多给谁干，因此要理顺这层关系。关心员工，员工才会关心你，才能把你的事、公司的事当成自己的事去做，人都是有感情的动物，将心比心，“你敬我一尺，我敬你一丈”，反之亦然。要让员工为自己而工作，学会自动自发，自我管理，而这是企业最需要的。生活上关心，工作上支持，他会成长的很快，会创造的业绩更多。

第三，要学会善待员工，更要摆正自己的位置，扮好自己的角色，要学会公私分明。工作上严格要求，严把每一道工序，每一个环节，要教给他怎么正确的去做，心可“狠”一点，严师出高徒，他会成长得更快。严格执行各项制度，规范化、标准化管理，才会产生好的绩效。善待员工，但不能宠着员工，尤其在一些原则性的问题上，凡是对事不对人，要维护员工和企业双方的利益，“没有永远的敌人，没有永远的朋友，只有利益关系是永久的，”只有照顾到双方的利益才可能合作的长久。溺爱员工，无条件放纵员工，只会害了他们，他们会恨你一辈子。

人性化管理是个发展趋势，但要有理有度有原则，不能没有限制。有时不可能满足员工的所有需求，但可以抓主要的，最起码可以让他没有不满意的。没有不满意的就是个好的境界，在公司培训和企业文化氛围的熏陶下，让他发生改变，成为个职业化的员工，具有职业化的态度、观念和行为，直至产生好的业绩，为企业作出更大的贡献，这是企业的根本目的，真正地让员工与企业共同成长。

施员工于“恩”，来“软”的，不是单单搞“刘备摔孩子收买人心”，要一种手段、手腕，而是从员工成长的角度，真正关心他，而不是纯粹地利用，让员工死心塌地为企业卖命，而是站在员工立场帮员工制定职业生涯规划，看他适合做什么，让他到合适的岗位上，并不断地进行各个层面的技能培训和素质培训，使他能茁壮成长，“芝麻开花节节高”，成为对企业、对社会有用的人、作出更大贡献的人。这是企业的责任。

员工是企业的基础，企字掰开，上“人”下“止”，没有人了或人不行，企业自然就停下来了。把企业当企业做，把人当人看，尊重员工、关心员工是一个相当重要的理念，也是企业永续经营、长盛不衰的法宝。

怎样激励员工

●激励之意必先知人

员工好像漫不经心，不知道与为什么这是他们应该做的？——透彻地了解和关注员工的诉求，给予一个引领并且使其成为他们自己的事。

激励的理念在于，创设和不断满足（员工）各种需要的条件，激发（员工）的动机使之产生实现组织目标的特定行为的过程。

着陆式，找到原动力（情景与画面／一个找钥匙的人）。

●知人的目的在任用

员工不很清楚让他们干什么？然后又怎样做？——“告诉”不是“教”，怎样确保他们知道怎样做事，而且如何才干得好。

任用就等于放任吗？简单说：只看结果，不问过程；对中下阶层人员来说，是不对的，试想没有可控的过程，何来预期的结果呢？

只有掌控的过程，才有预期的结果——而过程在于每个细节，关键是做到实处。

启动式（实例回放／即时能上岗才是硬道理）。

●任用正是为了育人

员工通常都会认为他们正在按照上级的指令来做事，怎么还会错呢？——知道是远远不够的，恰到好处的传导和评价才是帮助的有效方法。

企业一般经历资源的积累过程→能力的资源配置过程→知识的

能力创新过程的三个阶段。前两个是对资源的有效配置和利用，后一个是对知识的有效控制、迅速利用和不断创新。

管理不仅仅是靠制度的约束，而是靠企业智力的吸引：形象、空间、氛围和机制等。关键在于管理者如何从资源的有效整合中找到适合本企业育人的着陆点。

传导式(培养和训练／互动游戏感受)。

●育人还应懂得留人

在员工看来，哪里干活都差不多？一时的好处买不来满意，实在的东西和将心比心才是管理者的留人之道。

关心：人之清泉适时地关注／荣誉：工作动力精神鼓励／兴趣：提升专注力／责任：使命感／竞争：挑战性／艺术：鼓励在前批评在后。

作为一个管理人员，更要时常反思自己。说到要做到，做到要做好。承诺也是一样，懂得在企业现有资源条件下，如何从多角度去分析和参照，而不是仅仅从主观评估上做出判断。找到一个留人的着力(平衡)点。

领导必备的能力

驾驭变革的能力

人类技术进步的飞跃以及组织间变革竞赛的日益激烈化，客观上加剧了未来社会的不确定性，这就决定了未来的领导者应该比历史上任何时候都需要具备预测未来的能力和变革创新的能力。准确洞悉社会的变化，带领组织不断求新、求变，在变革中求发展，是未来领导的首要理念。他们往往比一般的领导人看得更高、更远，在组织还在蓬勃发展的时候，他们就已经开始发现危机并加以铲除。全球第一位CEO，通用公司总裁杰克·韦尔奇认为通用公司之所以能够成为世界500强中最优秀的公司，一个主要的原因就是通用公司愿意不断地尝试新事物，总愿意进行变革，并且能够对变革做出承诺。变革的根本并不在于"组织"的转变，而是组织中"人"的转变。"事在人为"，只有"人"转变了才能最终保证变革的成功实施，而领导者恰恰是促使组织中"人"转变的关键因素，因此，未来的领导者必须具备驾驭变革的能力。

文化整合的能力

未来的企业面对的是越来越激烈的全球化竞争，在企业的发展壮大过程中，需要一位具备跨文化领域、跨文化驾驭能力的领导者，而缺乏具备跨文化领导力的领导者，在当代社会已经成为一个不争的事实。未来的领导者需要具备整合各种文化差异的能力，他应该能够理解和适应完全不同国家和文化领域的人，能够改变自己看问题的行为和态度，能够领会源于不同文化的各种价值观和行为，在组织内能够将那些具有差异性的文化价值和理念融会贯通，打造出一种“大文化”的适应性氛围。

理念再造的能力

主要是指未来的领导者应该具有一定的创造性。美国学者哈罗德·孔茨和海因茨·韦里克认为，在领导者的工作中，一个重要的因素就是创造性。创造性和创新有所区别，创造性通常指的是发展新思想的才能和能力，而创新通常指的是这些新思想的应用。一般来说，富有创造性的人是好探究的人，并且还提出许多新的和不平常的想法，他们很少满足现状。富有创造性的人有自知之明，因此能够独立作出判断。毫无疑问，富有创造性的领导者必将能够带领组织在前进的道路上不断取得新的突破。

愿景激励的能力

愿景是潜藏在人们心中的一股令人感召的力量，提供愿景是知识经济条件下领导者的一项重要职责。未来的领导应该主张以愿景为导向的团队合作，强调领导者应为组织成员提供一个清晰而明确的愿景，并倡导组织成员应为实现愿景而实施变革。一个吸引人的愿景是成功的一半，它能够充分激发组织成员的热情，形成一股势不可挡的力量。领导必须在愿景和愿景实现的可信度之间建立明确的联系，使组织成员相信这个愿景是可行的，并且使组织中的每个成员都承担起应有的责任，组织目标才能实现。

学习创新的能力

在未来的世界经济发展格局中，经济的社会形态将普遍走向知识化，“知识经济”必将成为21世纪世界经济的大趋势和基本特征。在知识经济背景下，一个国家或组织的战略竞争优势集中体现在能够敏捷和持续地进行“学习”的能力和机制上。一些突发性、难以预料的事件，这些都远远超出了领导者个人的预测能力和掌控能力。组织要想在激烈的变革竞赛中谋求生存和发展，就首先必须能够不断适应、选择和改善自身的生存环境，提高自身的创新和学习能力。

因此，造就并保持组织成员的学习能力，通过不断的学习使领导者和追随者不断掌握新的知识和技能，是领导者的第一选择。在这里，“学习”的意思并非是传统意义上的获取更多的咨询或用多少时间将组织成员集中在一起传播知识，而是培养、造就一种如何在复杂社会中灵活应变，实现组织目标的适应能力。美国管理大师彼得·圣吉认为：“未来唯一持久的优势是，比你的竞争对手学习得更快”。在竞争日益激烈的今天，领导者面临更新观念、提高技能的挑战，因此需要不断学习，创新学习以及终生学习，通过不断的学习以不断超越自我，以使组织获得长效可持续发展的重要砝码。

“再造领导”的能力

未来社会的领导者会根据组织和社会发展需要对被领导者进行领导意识以及领导能力等多方面领导素质的综合培养，从而将其培养成为成熟、责任的行为个体，培养成适应未来社会发展需要的领导者，以便使组织的发展迈入一个新的战略高度。这对于未来的领导者来讲是一种挑战，更是一种责任。正如约翰·马克斯韦尔在其著作《领导力：开发你的领导潜能》一书中所叙述的那样："能培养出领导者的领导才是领导者的最高境界""一个只能让被领导者立步直趋的领导者，其能力必然是有限的，而一个能把被领导者培养成为领导的领导者，才是一个真正了不起的领导者"。未来的领导率领的不是一群唯命是从的被领导者，而应该是一群具有超行动力，能够自我调节、自我领导的被领导者。詹姆斯·麦格莱格·伯恩斯，在《领导》一书中写到，领导者要帮助他们的被领导者成为领导者，因为"只有站在他们的肩膀上才能成就伟大的领导"。培养被领导者的领导能力以及领导素质，促使群体的领导意识不断觉醒，这是任何想要使组织在未来社会竞争中取得胜利的领导者都必须认清的一点。杰克·韦尔奇接手通用公司后，十分重视将被领导者培养成为领导者的工作。他相信自己的工作就是去了解和培养人，而不是把自己沉溺于公司众多生意往来的细节中。这种做法使得通用公司迅速壮大并显示出了更为强大的生命力。

成功营销经理必备的品质

成为变革的主人

对一个营销经理来说，最大和最具挑战性的任务，是让整个销售团队准备好面对不断变化的市场。“每一个组织，”彼得·德鲁克说，“必须准备放弃它所做的一切事情。”伟大的营销经理是变革的主要角色。商业从来不是一系列可以预测的、让人惬意的、有明确方向的直线演变。今天的商业是金融、技术和经济革命爆发所带来的结果。理想的营销经理将能冷静地面对这些混乱，热情地拥抱变革，并且总是能够适应任何艰难的挑战。

这就是为什么那些伟大的经理为自己制定那么高的工作伦理，而且能够领导变革管理。LeilaniLutali 是纽约 ComforceTechnicalServices 咨询公司的销售代表，她认为她的前任经理 Diana 就是这样的一个人。“Diana 对自己和销售团队的期望值是一样的。她不担心她手下的销售代表超过她。事实上，她鼓励这种情况发生。通过她的指导，她帮助我们提升到我们的最高水准。”

“当我们面对变革的时候，”销售培训顾问师 TomMiller 说，“销售人员将能够意识到他们必须放弃的东西。对他们来说，实际上所有的变革都被认为是损失。这就是为什么在痛苦地衡量销售收益时，优秀的营销经理能够增加价值。他们帮助销售人员生动地想象一个巨大蛋糕上的葡萄干，然后告诉销售人员他将领导他们穿过一个麻木不仁的封锁区，最终面对一个巨大的蛋糕。”

赢得销售人员的信任

销售人员不大注意他们的营销经理所说的话，他们通过营销经理的所作所为来判断他们。信任是双方良好关系的基础。信任意味着你的话像黄金一样珍贵，销售人员不需要猜测你告诉他们的任何事情，因为他们信任你。信任不是你对团队的告诫，而是在没人注意的情况下你的所作所为。

这就意味着你制定了规则，你自己先要遵守。否则，你就成了员工的笑柄。

最重要地是，销售代表必须相信他们的经理正在为这个团队努力工作，并且在他们需要的时候能够与他们一起并肩作战。如果你骄傲自大，态度恶劣，出语粗鲁尖刻，或者被发现撒谎或欺骗，你将辜负他们的信任，最后，整个销售团队将丧失斗志，没有激情。

当你作为一个经理犯了错误，不要忌讳它，也不要掩盖它，要迅速承认错误：“我犯了一个错误，我来承担全部责任。”你的诚实反应将平息那些批评者的怨气，而且任何曾经犯过错误的人都将会理解并尊重你的诚实。如果你太过骄傲而不肯承认你的错误，你将失去人们的信任。双方一旦失去信任，你的团队将不能平稳地运作，而且你的管理能力也将受到损害。

给予反馈

当营销经理没有根据销售人员的工作作出客观评价的时候，优秀的销售人员就会停止努力工作。如果销售人员不用承担没有完成任务的后果，同时超额完成销售任务也没有奖赏，那么销售业绩将会下降。

优秀的经理会设立明确的销售目标，给予足够的反馈，并且让销售人员了解自己的进度。“延迟反馈的后果就是使他们失去动力，因此你应该不断地给予反馈。”Anderson说，“如果销售人员知道标准是什么，他们将努力达到那个标准。如果你没有设立一个明确的标准，你如何能够确定工作的责任？如果销售人员不了解标准是什么，他们怎么能够知道他们是否降低了标准？”

有这么一个真实的故事。在一家公司里，营销副总裁太在意自己的地位是否稳固，他非常渴望得到首席执行官的赞美。然而对于下属卓有成效的工作，他却不肯表示感谢，予以赞美。每当区域经理完成他们的工作目标时，这位营销副总裁会给他们设立更高的工作目标，要求销售人员做得更多。一年内，他的12个区域经理中有5个人离开了他的部门，销售量由此开始下降。当首席执行官换人后，他被辞退了。记住，要在批评和优雅、积极的赞美之间取得平衡。

创造激情

“我希望能够保持营销人员愉快的心情和忙碌的状态。”AllCopyProducts首席执行官BradKnepper如此说。在他掌管公司的3年里，他把公司的销售收入从120万美元提高到1100万美元。他认为，创意性的竞争能够保持高昂的激情。例如，在最近持续一周的利用棕榈叶、草裙和tiki火把完成的生存者竞赛中，赢够点数的销售人员就可以打电话安排约会和展示产品，而那些赢得最少点数的销售人员就会被踢出他们的团队。

“我真心希望销售人员能够融入这个主题中，而且他们做到了。”Knepper说，“生产力得到了迅速提高，人们在办公室工作到很晚。这项竞赛减少了销售人员彼此之间的冷漠，他们相互分享经验和创意，竞争精神更为强烈。”

如果公司在最近的经济不景气中经历了裁员的痛苦，那么保持高昂的激情就更难了。“我们经历了一个非常艰难的时期，”一家在线媒体公司的营销经理说，“在一个星期里，我们整个销售团队一半的销售人员被解雇了。在最初的震荡之后，我决定与每一个成员进行一次真诚的对话。我告诉他们，没有谁敢保证公司不会继续解雇员工。但如果我们以一个团队来进行工作，尽我们最大的努力，并且调整我们的方法，我们就有获胜的机会。在接下来的9个月里，我们打了一个翻身仗。”

亲身参与

很多销售人员过分关注他们的努力过程而不是结果。他们不肯承担工作的全部责任，反而认为是他们的经理亏欠他们。因此，他们变得毫无效率。

管理大师彼得·德鲁克曾经说过，“关注业绩并且对结果承担责任的经理，无论资历多么浅，都是对‘高级管理’这一短语最本质的阐述，因为他自己负责承担了整个的绩效。”

营销管理的关键是亲自参与其中，对你的客户保持频繁的接触，并且与你的销售团队打成一片。“糟糕的经理整天待在办公室里。优秀的经理亲临销售第一线，向手下展示如何完成工作。”Anderson说。

营销经理在客户层面上的关键性参与能够使销售组织深深地植根于市场。而且这样一来，客户就会感觉与公司有更密切的联系。例如，在RitzCarlton酒店，我们经常看到客房经理或者餐厅经理在大厅门口问候客人，对他们的光临表示感谢。为什么？研究表明，当管理层出现的时候，客户就感觉受到了尊重。

培养和发展你的团队

我们生活在一个以知识为基础的社会中，信息以光的速度进行传播。信息的传播速度和容量向人们提出了新的挑战。虽然销售人员比客户更多地接触到自己公司的知识领域，但是客户对他们自己的情况有更深入的了解。在知识爆炸时代，高质量的人际沟通就成为稀有商品。最佳的销售培训就是鼓励销售人员花费更多的时间去了解客户的情况，然后投入更多的时间去深入地挖掘客户的需求，并为客户提供更合适的解决方案。

优秀的营销经理为下属提供持续的培训和发展机会。“你不能指望人们在两周的初级培训后就能迅速地奔跑起来。销售培训是持续的投资。”Anderson 说，“不要让你的员工去碰机会，要给他们一个周密的计划，并对整个过程予以评估。”

优秀的经理也把职业发展和技能发展区分开来。尽管销售谈判课程有助于销售人员的短期成长，但是它不会改进销售人员长期的职业发展。为促进销售人员的职业发展，就要拓展销售人员的商业敏锐力以及对人、对商业行为的判断能力。

最后，成功的营销经理要在支持每一个销售代表的个人发展与完成公司任务之间保持微妙的平衡。这与其说是一门科学，不如说是一门艺术。

领导员工永无止境地改进

卓越的销售意味着每一个销售人员都必须全身心地投入到永无休止的持续的改进过程中。一个新的营销经理能够给一家公司带来一些迅速而有效的变化，但要把这种动力长期保持下去并不是一件容易的事。因为营销经理更关心他们能否完成季度销售目标，这就会导致他们在创新和持续改进之间犹豫不决。

创新和持续改进之间有着微妙而又巨大的差异。创新是大跨越，要求能够带来突破和迅速的结果。持续改进依靠小的步骤，依靠对传统的共识，更注重过程，并且随着时间的变化一点一点地梳理结果。

当商业前景乐观时，关注于创新的营销经理将会出台新的CRM解决方案，培训所有的销售人员，或者设立一个慷慨的激励计划。换句话说，口袋里面的钱刺激了创新的动力。但是在今天颇具挑战性的经济环境里，持续改进也许是一种更理想的选择。

营销经理可以从以下5个方面持续不断地改进自己的工作。

第一，改进你的考核方法。从销售预测开始，考核每一个销售人员的交易率。对各种活动进行更准确的考核，能够更好地帮助你理解哪些因素带来了更好的结果。

第二，改进你的销售流程。查看每一个环节，并且让你的团队找出完成每一项工作的最好方式。

第三，观察一下你的管理过程。你花费多少时间与优秀的销售人员在一起，帮助他们做得更好，捕捉到更多的机会？你投入多少时间培训业绩不佳的销售人员？

第四，你是如何激励员工的。问一下你的销售人员：“我做得怎样？我怎么做能帮助你获得胜利？”他们会告诉你你该怎么做。

第五，让你自己专注于永无止境的改进。把下面这段话印在记事本上并发给每一个员工：“好，更好，最好。永不停息直到好变得更好，更好变得最好。”

管理有方

沟通技巧

在管理人的过程中，需要借助沟通的技巧，化解不同的见解与意见，建立共识。当共识产生后，事业的魅力自然才会展现良好的沟通能力与人际关系的培养，并非全是与生俱来的。在经营“人”的事业中，我们绝对有机会学习沟通技巧，因此要把握任何一次学习的机会。一个人的成功，20%靠专业知识，40%靠人际关系，另外40%需要观察力的帮助。以下提供五个有效沟通的行为法则。

一、自信的态度

一般经营事业相当成功的人士，他们不随波逐流或唯唯诺诺，有自己的想法与作风，但却很少对别人吼叫、谩骂，甚至连争辩都极为罕见。他们对自己了解相当清楚，并且肯定自己，他们的共同点是自信，日子过得很开心，有自信的人常常是最会沟通的人。

二、体谅他人的行为

这其中包含“体谅对方”与“表达自我”两方面。所谓体谅是指设身处地为别人着想，并且体会对方的感受与需要。在经营”人“的事业过程中，当我们想对他人表示体谅与关心，唯有我们自己设身处地为对方着想。由于我们的了解与尊重，对方也相对体谅你的立场与好意，因而做出积极而合适的回应。

三、适当地提示对方

产生矛盾与误会的原因，如果出自于对方的健忘，我们的提示正可使对方信守承诺；反之若是对方有意食言，提示就代表我们并未忘记事情，并且希望对方信守诺言。

四、有效地直接告诉对方

一位知名的谈判专家分享他成功的谈判经验时说道："我在各个国际商谈场合中，时常会以'我觉得'（说出自己的感受）'我希望（说出自己的要求或期望）'为开端，结果常会令人极为满意。"其实，这种行为就是直言无讳地告诉对方我们的要求与感受，若能有效地直接告诉你所想要表达的对象，将会有效帮助我们建立良好的人际网络。但要切记"三不谈"：时间不恰当不谈；气氛不恰当不谈；对象不恰当不谈。

五、善用询问与倾听

询问与倾听的行为，是用来控制自己，让自己不要为了维护权力而侵犯他人。尤其是在对方行为退缩，默不作声或欲言又止的时候，可用询问行为引出对方真正的想法，了解对方的立场以及对方的需求、愿望、意见与感受，并且运用积极倾听的方式，来诱导对方发表意见，进而对自己产生好感。一位优秀的沟通好手，绝对善于询问以及积极倾听他人的意见与感受。

一个人的成功，20%靠专业知识，40%靠人际关系，另外40%需要观察力的帮助，因此为了提升我们个人的竞争力，获得成功，就必须不断地运用有效的沟通方式和技巧，随时有效地与"人"接触沟通，只有这样，才有可能使你事业成功。

权威秘密

安迪·克鲁夫能够成为英特尔公司的总裁和执行长，必然有他的过人之处，他在管理方面常常有这样一句话："我们要做的就是不让员工产生消极情绪和怠工状态！"

的确，作为出色的领导者也不是简单的事情，我们综合整理了10位各行各业的出色领导，领教了他们的"权威秘密"！

●直面艰难挑战

作为一任新领导，在上任伊始，肯定会面临各种各样的挑战，"新官上任三把火"，这火想烧起来可不是一件容易的事情。对原有体制的不熟悉，下属的不配合，还要周旋在各式的关系网当中，没有一定定力的人很难承受这样的压力的，根据这些富有经验的领导们分析，要做的第一件事情，就是要摆脱这种畏难情绪，看清形势，尽快掌握自己所处的位置，清醒地认识自己首先要做的是什么，然后，直面事实，主动出击！

●净化团队

作为领导者，首先要让下属对自己产生一种信赖的心理。也就是自己先要树立起一种风范。而核心人物本身也要有强烈的责任感，可以保证在团队出了问题的时候自己勇于承担责任。往往下属对上级的心理感情都是建立在相互信任和依赖的基础上的。一旦树立起自己的权威，就开始保证自己的权利必须得到服从和肯定。那些不怀好意的"异己分子"是一定要从团队当中肃清的，不能留有余孽，恩威并重，赏罚分明。

●积极沟通

要始终相信，没有解决不了的问题。但是沟通的方式和方法也不容忽视。出色的领导者从来就不擅长使用电子邮件之类的媒介，他们确信，面对面的沟通才是最可靠和有效的。地点通常都会选择在咖啡厅或者轻松的茶座。切记交流不是独自一人的演讲，互相的沟通才是关键。在放松的环境，用放松的语气，来探讨一些并不轻松的话题，收到的效果也许会超出想象！

●保持自我

很多领导为了协调整个团队，把成员们的意见放到了首位。这种思维和想法并没有错误，但是，要始终铭记，自己才是整个团队的灵魂。要时刻保持自我。不要因为其他的顾虑而慢慢丧失原则性。亚伯拉罕·林肯是一个不朽的伟大的领导者，他的政敌无时无刻的出现。但是，无论那些人怎样反对他，他仍然坚信南北统一的观念不能改变。最为一个坚定而又出色的领头人和策划者，不要迷失自我才是保证实现自我价值的根本！

商战之术——提高企业竞争力

在由中国管理科学研究院和中国未来研究会主办的“首届科学家教育家企业家论坛”上，中国企业联合会副会长艾丰，以他风趣幽默的语言，一个著名的新闻工作者的独特视角，提出了中国企业提高竞争力的15条对策。

“龙形经济”对策

中国经济的现状就是一条龙。龙头高耸入云，龙尾还在海面之下。中国人造的飞船已经上天，但还有几千万人没吃饱饭，局部的高度发达和局部的极端落后集于一身。

这就决定了中国必须同时完成不同层面的任务：“知识经济”层面的工作要完成，“农业经济”层面的任务还要补课。这就好像有一个很特殊的学生，大学的课要上，中学的课要上，小学的课也要上。

这就告诉我们的企业，在不同的层面都有我们的机会。搞高新技术，有机会；搞农业，同样有机会。要注意在多层面选择机会。一个传统工业很发达的城市，要抛弃工业经济去单纯追逐高新技术产业，未必可行。高新技术没有追上，自己的基础优势却放弃了。

“乒乓球”对策

我国的足球冲出亚洲，走向世界，何其艰难。但乒乓球从20世纪60年代开始，保持了持续的辉煌。其中重要的原因是因为中国人的体质和中国的国土条件，都适合乒乓球的发展，而不利于足球的发展。

参加世界贸易组织，就好像参加了一个永不闭幕的世界经济奥运会。我们也要寻找适合中国人条件的强项。我寻找了几个“经济乒乓球”。例如服装、纺织业，中国已经是产量第一，出口量第一。例如家电，中国已经是世界产量第一，出口虽然不多，但已经形成了若干个能够初步参与世界竞争的名牌企业。例如皮革，中国是世界产量第一，而且是皮革资源世界第一大国。例如现代中药和以中医中药为依托的保健品。这些产业在很长时间内我国仍然拥有一些核心竞争力，所以一定要把这些产业抓起来。

“低加高”对策

劳动力成本低是我们的优势，这条不能放弃。但只有这一条，竞争力会越来越弱。所以要“低加高”，低成本加高技术。美国市场上销售一种节能灯泡，其中对小的灯泡，政府补助3美元，大的补助8美元。这种灯泡就是中国浙江横店集团引进了美国的高技术生产的。“低加高”很好，对美国市场来说，它是低成本，有竞争力；对国内市场来说，它是高技术，也有竞争力，可谓“内外逢源”。

低加高对策还有一个含义，要重视“低端优势”。就技术来说，低端没有什么优势，但对产品来说，未必如此。我们的农用车，在短短几年之内，总销售量达到270万辆。而汽车搞这么多年，总销售量还不到250万辆。其原因就是农用车拥有低端优势。

“本土优势”对策

本土优势好像足球比赛的“主场优势”，在自己的家门口进行国际竞争，有民情优势、关系优势、地域优势等等。一定时期还可以利用保护期优势。

“大跨度组合”对策

中国的企业要思考和实施跳出地域求发展的路子。跳出的办法之一，就是“大跨度组合”。一个设在深圳的企业，在宁夏买了两万亩荒地种麻黄草，加工成麻黄素之后，出口美国。这是“深圳窗口－西部耕地－美国市场”的大跨度组合。大跨度组合就是在更大的范围优化组合资源。我国的西部大开发，也应该重视这样的思路。

“企业生态”对策

自然界有生态问题，企业界也有生态问题。我国企业的市场竞争不够强，一方面来自单个企业的状况，一方面来自企业的整体状况——企业和企业之间的关系没有处理好。提出企业生态，就是让人家注意这个问题。

大企业和大企业之间、大企业和中小企业之间，如果只有竞争，没有很好的分工协作，就会导致竞争成本非常之高。追求出类拔萃的名牌是对的，但追求名牌成了追求“霸牌”，“老子天下第一”还不够，还必须是“老子天下唯一”。这就会使得行业总是处于过度竞争状态之中。每一个企业的竞争力和集体企业的竞争力都降低了。日本的企业，大中小企业之间的关系比较好，不仅有大鱼吃小鱼，还有大鱼帮小鱼，小鱼帮大鱼。有活了，大鱼分给小鱼一点，活少了，大家都少一点；利益大家赚，风险大家担。这就是好的企业生存状态。

“以速度抗击规模”对策

这是较小规模的企业应对规模较大企业的办法。因为在规模上自己是劣势，那么就抓住“船小好掉头”的速度优势，和对方展开竞争。国内的家电企业ＴＣＬ，在和规模比自己大的长虹竞争的时候，就采取了这种策略。原来ＴＣＬ是不做彩电的，而当时长虹彩电已经达到每年３００万台的销量，于是它决定以速度取胜，瞄准了当时市场上最俏销的彩电，买别人生产的彩电，贴上自己的品牌出售。这样做完全是为了争取时间，并在最有利的市场细分中出击。事实证明它的策略是有效的，它很快发展成为彩电业的老三、老二、以全力争夺老大。

中国企业与世界企业相比，即使是大企业，也是规模较小的，而且规模一时又难以迅速大起来，关键是要采取适合中小企业的战略，其重要的一条就是以速度抗击规模。你火，但我动作快。动作快，中小就成了优势。中国企业管理应该重点研究“动作快”的问题。

“以狼制狼”对策

“狼来了”——但不是一只狼，而是一群狼。这当中除了狼和羊的关系（如果硬要把中国企业说成“羊”的话），也有狼和狼的关系。外国企业进入中国时，往往光与“挑战者”（国内本行业第二名或第三名）合作，来对付第一名。这种策略，可以供我们参考。

德国前任驻华大使对我说，德国公司进入中国来，既不是来建设中国的，也不是来要和中国竞争的。因为它们的主要竞争对手不是中国，而是美国、日本等发达国家的公司。在中国市场上，发达国家之间同样要展开竞争——狼和狼的竞争。

人人都担心入世之后的我国轿车工业，其实这个竞争并不单纯是中国汽车工业和发达国家汽车工业的竞争。其中关键之一，是我们如何利用发达国家之间在中国市场上展开的这场错综复杂的竞争。“以狼制狼”未尝不是一条对策。

“优势对接”对策

在市场竞争中，利用自己的优势，封锁别人、挤压别人，是一种常见的方法。但用自己的优势换取别人的优势，实现双方优势对接，也是重要的乃至高明的策略。

“原地提升”对策

根据国际大市场重新调整中国各个产业的格局，是今后中国经济遇到的严重任务。这种调整，可以采取“另起炉灶”的方式，也可以采取“原地提升”的方式。各有各的好处。所谓原地提升，就是更好地利用现有的基础和资源，减少不必要的代价和震动。都另起炉灶不一定是最上策。

山东省德州邮政局的事例很有启示作用。邮政和电信分开经营之后，邮政遇到了比较大的困难。怎么办？他们想了一条很“现实”又很有效的出路——努力把邮政的“信息流”改造成“信息流加物流”的综合网络。他们的邮政网络，既送信，又送商品。用户门前的邮政箱，既是送信箱，又是送货箱，还是广告箱。

“照虎画猫”对策

这里说的是如何学习外国企业的管理经验。不是“照猫画虎”，因为外国企业和中国企业比较起来，他们不是猫；也不是虎。最实事求是的办法应该是“照虎画猫”。学习他们的经验，但是要从中国的实际出发。中国快餐业发展就有这个问题，应该说一些企业犯了“照猫画虎”和“照虎画虎”的毛病。上来就要和“麦当劳”“肯德基”一决雌雄，结果往往很快败下阵来。倒是有一些调子不那么高的中国快餐连锁店在悄悄地发展。

“品牌经营”对策

中国有可能很快就成为制造大国，但在相当长时间内，还难以摆脱“品牌小国”的地位，因此就应该更加重视品牌经营的问题。

一个是“品牌整合”，我国中小企业多。以啤酒为例，日本3家啤酒企业占国内市场的80%，我国3家最大的啤酒企业占国内市场不到10%，仍然是规模很小的企业。企业利用品牌整合国内资源，可以迅速扩大规模。青啤的事例，五粮液的事例，可以说明这个问题。利用品牌实现跨业经营，红塔集团、大红鹰都是这样的例子。

中国是一个“品牌小国”，但又具备相当雄厚的品牌素材。例如“中华老字号”就是一笔重要的资源：全聚德烤鸭、同仁堂中草药、胡庆余堂中草药、稻香村糕点、上海城隍庙、张小泉剪刀、狗不理包子等等，还有一批品牌有待整合。

“文化力”对策

重视文化力有两个方面的意思：一个是要重视发展文化产业，利用中国的文化优势特别是传统文化的优势，发展相关的产业。在这方面，中国和有些发达国家比较，是具有核心竞争力的。

一个是发展“市场文化”。市场文化是一个新概念，它不是过去意义上的自然科学，也不是过去意义上的社会科学。它就是基于市场经济产生的又为市场经济服务的文化形态。美国《财富》杂志搞的“世界500强”排名，美国搞的“迪斯尼乐园”等等，都是这类文化的样式。中国在这方面还没有开窍，必须迎头赶上。

企业文化、品牌文化、广告文化、会展文化、一些论坛文化等等，都是市场文化的组成部分。中国的头脑优势应该在这方面发挥作用。

“走出去”对策

走出去，到发达国家去，到发展中国家去。可以是产品出口，也可以是到外国建厂。世界经济、世界市场本来就是交织的。

“用外脑”对策

知识和人才的竞争将成为市场竞争的核心。中国企业既要重视“留住人才”，更要重视“利用外脑”。“不求所有，但求所用”。不是自己所有的人才同样可以利用，在一定情况下，这样使用人才的成本还会更低。

增强企业的凝聚力

时下，很多人把国有企业人才流失严重归结为薪酬与同类型企业相比不具有竞争力。然而较高的薪酬仅仅是企业留住人才的必要条件，而较强的企业凝聚力，才能真正使员工紧紧围绕着企业目标，精诚团结、互相信任、互相协作，并在企业内部形成一种积极向上、团结有力的工作氛围。

什么是企业的凝聚力？通常是指衡量企业成员为实现企业目标而相互影响的程度。企业凝聚力的大小反映了企业成员相互作用的大小。凝聚力越强，企业成员之间的关系越融洽，企业整体目标和成员个体目标就越容易实现。

如何更好地理解企业凝聚力的内涵呢？企业的凝聚力是指企业全体员工团结的状况，主要包括以下几个因素：员工对经营者的满意程度；全体人员积极性、主动性及创造性的发挥程度；员工公平感及工作满意度；企业内部和谐程度等。企业凝聚力属于企业文化范畴，它的大小决定着企业员工的士气，影响着员工工作的精神状态。

企业如何增强的凝聚力呢？一家企业要想增强企业的凝聚力，必须做好以下几个方面。

一是加强思想政治教育，激发员工的工作热情。在党的十七大精神鼓舞下，要坚持发挥党的优势，利用多种形式，强化对员工的理论灌输和思想教育。针对员工存在的思想观念模糊问题，突出抓好党的十七大精神的学习，结合“三个代表”重要思想的学习，坚持不懈地对员工进行形势、思想道德、爱国主义、集体主义教育，不断提高员工的思想觉悟，使之树立正确的人生观和世界观，找准人生价值和人生目的，使其在工作中敬业爱岗，乐意奉献自己的青春。

二是以人为本，增强凝聚力。要激发员工的积极性，增强凝聚力，必须建立起以人为核心的管理模式，注重企业文化建设，培育企业精神，树立良好的企业形象，增强员工的团队意识，用共同的精神、目标激励员工，让员工与企业大家庭同呼吸、共命运，充分发挥员工的聪明才智，激发员工关心企业、爱护企业的热情。

三是加强企业的亲和力，通过管理者和员工之间的人际交往来增强凝聚力。比如创办内部报刊，为员工提供一个发表意见、交流心声的平台；或在员工生日时送上一束鲜花或给予其他物质祝福，会让员工深深感受到企业家庭般的温暖之情。

四是加强企业收入分配的公正性、合理性和激励性，这要与员工的工作岗位、绩效、能力、贡献等联系起来，拉开收入档次，用公平合理的量化经济指标来衡量员工不同的能力和价值，在企业内部甚至班组之间建立能者优先机制。

五是搞好福利待遇能够增强企业吸引力。体贴细致的福利待遇不仅能使员工深深感受到企业给予的家庭般的温暖，而且还能增强员工对企业的心理依赖和情感依恋。要稳定员工队伍，调动员工的积极性，必须实实在在地为员工办实事，千方百计为群众谋利益，尽可能地满足员工物质、精神、文化、生活上的合理要求，为员工解除后顾之忧，最大限度地激发员工的劳动热情，进一步增强企业的吸引力、向心力。

六是建立学习型企业。企业要鼓励员工学习、创造培训机会让员工有培训发展的空间。更重要的是要让员工在自己有兴趣的岗位上进行实践锻炼。不仅如此，企业还要在内部建立起学习型组织，为员工创造学习、交流的平台，实现知识共享，确保企业知识不断增值，员工学习能力不断提高，知识不断强化。

七是员工应具备诚实守信的道德品质，娴熟的处事及沟通技巧，与他人协作的态度，同时还要具有丰富的职业知识。员工只有具备这些素质，才能认同企业的文化，融入企业的文化之中，在企业面临生产、经营、发展等关键问题时，与企业齐心协力、共同发展。

总之，企业凝聚力的大小对企业的效率、利益、长远发展都有着重要影响。企业领导层必须时刻关注员工的思想工作动态、关心其生活，并身先士卒、带头苦干，才能带动员工，使企业的凝聚力变为企业发展壮大的动力。